お店の「ウリ」を「売上」にする方法

14人のコンサルタントがあなたの悩みに答えます

MAP
【MARKETING ASSIST PROJECT】
編著

同友館

目 次

第1章 売れないお店の共通点 ……… 5

第2章 儲かるお客様を見つける ……… 13

質問1 お客様がたくさん来てくれるのはうれしいが、貧乏暇なし。
お客様を絞るべきか？ ……… 14

質問2 開店当初に想定して狙っていたお客様と、実際のお客様が違う。
どうすれば上得意先を見つけられる？ ……… 18

質問3 ただでさえお客様が少ない中、
どうターゲットを絞り込んでいけばいいのか？ ……… 22

質問4 品揃え（サービス内容）が先か、ターゲットが先か？ ……… 26

第3章 商品を極める ……… 31

質問1 商品（サービス）には自信があるが、なぜか売れない。 ……… 32

質問2 扱っている商品が同じでも、商品力を高めることは可能か？ ……… 36

質問3 多くの人に来店してもらうためには、
できるだけ多くの商品を揃えた方がいいのでは？ ……… 40

質問4 新しい商品やサービスを展開したいが、
どんなことに気をつければいい？ ……… 44

第4章 お店を輝かせる ……… 49

質問1 お店をじっくり見てほしいのに、すぐに帰る人ばかり。
どうしたらいい？ ……… 50

質問2 POP1つで売上が変わると聞くが、何を書けばいい？ ……… 54

質問3 常連さんの要望に応えていたら、お店が何屋さんかわからなくなってきた。
そろそろ軌道修正したい。 ……… 58

質問4 お客様の記憶に残るお店づくりとは、どのようにすればいいのか？ ……… 62

第5章 お店を知らしめる ……… 67

質問1 お店の前の人通りは少なくないが、誰も入ってくれない。 ……… 68

質問2 チラシを配布（ポスティング）しても、苦労の割に効果は疑問。
効果的なチラシの配布方法はないか？ ……… 72

質問3	お金をかけずにお店を宣伝する方法は？	76
質問4	集客イベントをやりたいが、何をすればいいのかわからない。	80
質問5	お店が大通り沿いになくて目立たない。どうすればいいか？	84

第6章 インターネットを使い倒す … **89**

質問1	ITが苦手なのでホームページ制作を業者に任せているが、効果が出ない。	90
質問2	何に注力してホームページに掲載したらいいのかわからない。	94
質問3	ホームページの訪問者が少ない。	98
質問4	ホームページやFacebook、ブログなどの使い分けを知りたい。	102
質問5	通信販売をしていなくてもホームページは必要か？	106

第7章 お客様の心をわしづかみにする … **111**

質問1	近くに価格の安いチェーン店ができた。お客様が流れるのを防ぐには？	112
質問2	どうすればスタッフのチームワークが良くなり、明るいお店になる？	116
質問3	お客様にベストな接客をしたいが、会話が盛り上がらない。	120
質問4	お客様のクレームにどう対応すればいい？	124
質問5	1、2度来てくれた「固定客の見込み客」を、確実に3度目の来店に結び付けるにはどうすればいいか？	128

第8章 お客様と一緒にお店を盛り上げる … **133**

質問1	アンケートを取りたいが、何を聞けばいい？	134
質問2	ネット上のお客様と継続的な関係を築くには？	138
質問3	どうすれば、お客様に口コミしてもらえる？	142
質問4	お客様が友達に紹介したくなる店ってどんな店？	146
質問5	売上に困った時に頼りになるお客様を作りたい	150

第9章 コンサルタントの種明かし … **155**

著者プロフィール … 180

第1章

売れないお店の共通点

街には様々な個性的なお店があります。ショッピングセンターなどの大規模店舗は便利ですが、小さなお店が街の活力、個性を作り出しています。
　しかし、最近は小さなお店がどんどんなくなっているような気がします。
　それは、なぜなのか。
　小さなお店が営業努力を怠っているのでしょうか？
　小さなお店が商品やサービス開発を怠っているのでしょうか？
　きっと、そんなことはないはずです。
　日々良い商品作りに励み、日々良い商品やサービスをお客様に届けようと努力されているはずです。
　では、小さいお店は頑張っても、結局は潰れてしまうのでしょうか。
　答えは否です。
　小さくても行列ができるお店、お客様に愛され続けているお店はいっぱいあります。
　読者のお店も、ちょっとした発想の転換と一工夫で、きっと行列のできるお店、お客様に愛され続けるお店になれるはずだと信じています。

この本の主な対象者
　この本では、実店舗を有する従業員5人以下の小さなお店の店主を主な読者に想定しています。人・モノ・金が潤沢にはな

い、小さなお店の店主でも実行可能なことを中心に、行列ができるお店になるため、お客様に愛され続けるお店になるための具体的なアイデアを14人の専門家が持ち寄り、紹介しています。

ぜひ、自分のお店に使えそうなアイデアを活用し、繁盛店になっていただければと思っています。

売れないお店には共通点がある

さて、繁盛している小さなお店と、頑張っているけれど売れないお店の違いは何でしょうか？

どうすれば行列ができ、お客様から愛され続け、成功できるのでしょうか？

実は、繁盛するお店になるために共通する考え方はありますが、繁盛するためのたった一つの方法というものはありません。

店主の個性や、提供している商品やサービスの特性、立地などによって、効果の出るやり方は色々あります。

一言で言えば、お客様にとって価値ある、そのお店独自のウリが十分に伝われば、お店は繁盛します。

ただし、伝える相手や、その伝え方が色々あるということです。

具体的な方法は2〜8章で紹介します。様々な角度から回答をしていますので、自店に合うと思う方法を試してもらえればと思います。また、繁盛するお店になるための共通の考え方は、

少し理論的ですが、9章「コンサルタントの種明かし」を読んでいただければ幸いです。

一方で、失敗するお店には共通点があります。

こうしている限り商売はなかなか繁盛しないだろうということは、比較的はっきりと言えます。

売れないお店の共通点は、比較的はっきりしているのです。

逆に言えば、売れないお店の共通点に合致しない商売を展開すれば、成功する確率が高くなるということです。

そこで、この章では売れないお店の共通点について述べたいと思います。

売れないお店の共通点をいくつか挙げてみましょう。

売れないお店の共通点①

万人受け狙い、みんなに好かれるお店にしたいと思っている。

商品はたくさんの数・種類があればあるほどよい、または、若い人にも年配の方にも、ゆとりのある方にも、忙しいサラリーマンにも対応できるサービスを、という考え方でお店を経営されている場合は、なかなかうまくいきません。

すべての人の希望を叶える商品展開やサービスはそもそも無理ですし、もともとあったお店の魅力がわからなくなってしまいます。モノやサービスに溢れている日本では、極論すれば10人中8人が60点をつけるお店より、10人中9人には見向

きもされないけれど、1人からは100点満点をもらえるお店の方が繁盛します。

　具体的にどう万人受けをやめればよいかは、2章「儲かるお客様を見つける」でお伝えします。

売れないお店の共通点②
商品さえ良ければ売れると思っている。

　高品質な商品さえあれば大丈夫と思っていても、実は店主の独りよがりで、お客様に認めてもらえていないため売れないことがあります。逆に、うちは平凡な商品しか取り扱っていないから繁盛店にはなれないと思う必要もありません。

　お客様は、値札がついている商品やサービスだけを見て、他店と比較し、購入しているわけではないからです。言い換えれば、値札がついている商品やサービスだけで商売を考えていると、うまくいかないのです。

　お店の総合力で売るためのヒントを、3章「商品を極める」と4章「お店を輝かせる」でお伝えします。

売れないお店の共通点③
お客様の来店をただ漠然と待っている。

　いい品揃えをしてお店の準備も万端、あとはお客様を待つだけ、とお客様に来ていただけるのをただ待っているだけのお店

は、やはり繁盛が難しいです。まずはお店を知ってもらわなければ、良い品揃えも素敵なお店も宝の持ち腐れです。お客様候補者にお店を知ってもらうために、具体的に何をされていますか？具体的な施策をいくつ挙げられますか？

　お店に来てもらうための工夫を5章「お店を知らしめる」で紹介しています。また、インターネットの活用については6章「インターネットを使い倒す」を参考にしてください。今のご時世、インターネットも有効活用すべきです。「インターネットは苦手」で済ませるのはもったいないです。

売れないお店の共通点④
　上顧客・固定客の育成を意識した店舗運営をしていない。

　新しいお客様を獲得することばかりに注力し、1度来てくれたお客様に2度3度と来店してもらい、上顧客になってもらう努力をしていないお店は、長く繁盛し続けることは難しいです。
　一般的に、新しいお客様を獲得することは、既存のお客様にもう1度来てもらうよりも何倍も手間と費用がかかると言われています。ですから、新規のお客様にばかり注力するのは費用対効果が悪く、「労多くして実少なし」の状態となり、長続きしません。
　お客様の新規獲得も大切ですが、1度来店いただいたお客様を上顧客に育てることも大切にしたいものです。

第 1 章　売れないお店の共通点

　お客様の心をつかみ、上顧客に育てるためのヒントを 7 章「お客様の心をわしづかみにする」で紹介しています。

売れないお店の共通点⑤
頼みは自分の力だけと、自分だけで何とかしようとする。

　自助努力でお店を繁盛させようとする、これなくしてお店の繁盛は絶対にありません。
　ただし、何でも自分だけでやってしまおうと考えると、どうしても予算面や作業負荷、発想の幅など色々と限界が出てきてしまいます。
　そして、「こんなに頑張っているのに…」ということになりかねません。
　取引先やお客様に応援してもらえる、一緒に盛り上げてもらえるお店の方が早く繁盛店になれますし、末永く繁盛できる可能性が高くなります。
　8 章「お客様と一緒にお店を盛り上げる」で、取引先やお客様に応援してもらうための考え方やアイデアを紹介します。

　「あっ、私だ！」と思った方は、改善する余地がたくさんあり、商売繁盛店への伸びシロが大きいということです。早速、2 章以降を読み進め、新しい取り組みを始めてください。「私は違う」という方も、新しい気づきが得られる可能性があるので、ぜひ読み進めてみてください。

なお、2〜8章は、具体的な小さなお店の質問に各専門家が回答する形になっていますが、業種業態が異なっていても抱えている課題の本質は同じだと思いますので、自分のお店だったら…と考えながら読んでみてください。
　巻末には、各専門家の紹介ページを設けています。
　自分でできそうな考え方やアイデアに出会えたものの、具体的に自店舗でどうしてよいかわからないという場合は、各専門家にご相談いただけると幸いです。

　　　　　　　　　　　　　　（第1章担当：佐々木　千博）

第2章

儲かるお客様を見つける

質問1

お客様がたくさん来てくれるのはうれしいが、貧乏暇なし。お客様を絞るべきか？

小さなお店の店主の相談

10年前から商店街の一角で眼鏡店を経営しています。当社はレンズ合わせやフレームフィッティング技術に自信があり、徹底したアフターサービスや、お客様のニーズに沿った高品質の眼鏡を提供することで評判です。以前は、地域住民のお客様がたくさんいらっしゃいましたが、数年前、近隣に大手眼鏡チェーン店ができ、価格攻勢により顧客を取られてしまいました。

そこで、少しでも顧客を獲得して売上につなげるために、腕時計も販売することにしました。最初は主に廉価な多機能時計を扱っていたのですが、単価が安く利幅が低いので、品揃えを増やして、高級時計やアクセサリーも扱うことにしました。

顧客は最盛期時にまで回復してきましたが、今のところ利幅の低い商品ばかりが売れて儲けが少なく、経営を圧迫するだけです。こんな状況でもお客様を絞るべきでしょうか？

第2章　儲かるお客様を見つける

佐々木診断士の回答

　安売りの大手メガネチェーンが気になる気持ちはよくわかります。しかし、競合に付き合う必要はありません。そもそも別の魅力を有したお店なのですから。社長はどのようなお客様に愛されたいですか？ どのようなお客様を大切にしたいですか？ 値段最優先のお客様、個別のニーズに丁寧に応じてもらうことを大切にしているお客様、多くの品揃えから好みのメガネを選びたいお客様、社長のキャラクターを愛してくれるお客様──どうでしょうか？

　まず、具体的にどのようなお客様が自社にとって大切なのか、自問自答してみましょう。お客様の顔や、お客様との会話内容が脳裏に浮かぶまで考えてみます。それがはっきりすれば、そのお客様を中心に据えて、お客様を絞り込みましょう。そのお客様に喜んでもらえる経営に集中して取り組めば、きっと相思相愛の幸せな事業展開ができます。

中村診断士の回答

　自店はどこで勝負すべきかの軸を、しっかりと持ちましょう。大手チェーン店などの安売り店に対抗するためには、そこにはできない自店の強みをしっかりアピールし、住み分けをすることが大切です。貴店の強みは、高い技術力とお客様一人ひとりに本当に合ったメガネを提供できることです。よって、高く

ても質の高い商品を求めるお客様がターゲットです。

　高額の商品をお求めのお客様に来店していただくには、それなりのステータスを感じさせる店づくりが重要です。安物の時計などを置くと、お店の品格が失われます。貴店は「何でも屋」ではなく、「高品質眼鏡屋」なのです。また、ゆったりとしたスペースで時間をかけて接客するなど、お客様の満足度を高めることを大事にしてください。そうすることで、真の貴店のお客様が戻ってきて、安売り店との明確な住み分けができるようになるでしょう。

　大手チェーン店の価格攻勢に対し、別の商品で対応した点は良いと思います。商品の選択も素晴らしいですね。眼鏡や腕時計は日用品でありながら、愛着が湧きやすいこだわりのアイテムです。メンテナンスや修理など、長くお付き合いいただける商品と言えるでしょう。

　残念な点は、廉価な商品が多いことです。安い眼鏡、安い時計、安いアクセサリーと雑貨屋のような店内が目に浮かびます。ここは、もともとある専門店のイメージを取り戻し、こだわりの顧客の獲得を目指しましょう。

　まずは、専門店としてのスペース確保です。販売数、利益率に応じて雑貨とも言える廉価品を縮小しましょう。ごちゃごちゃと商品が多いと、専門店の雰囲気が台無しです。

第2章　儲かるお客様を見つける

　続いて、技術力のアピールです。眼鏡の選び方やアフターサービスなどを訴求します。訴求方法は、4章の店内販促や5章の店外販促を参考にしてください。

　最後に、商品展示の参考のため、有名な高級眼鏡店、高級時計店を何店か訪れてみてください。そこで良かった点を参考に展示方法や接客方法を改善すれば、廉価なチェーン店とは比較にならない素晴らしいお店になると思います。

売上を上げるポイント

　診断士3名の提案に共通するのは、ターゲットとなるお客様は絞るべきであるということです。お客様を分析し、自社を見つめ直し、競合店と比較することで、本当の儲かるお客様が見つかるでしょう。

質問2

開店当初に想定して狙っていたお客様と、実際のお客様が違う。どうすれば上得意先を見つけられる？

小さなお店の店主の相談

　10年前からコーヒー豆の販売業（店頭販売・ネット販売）を営んでいます。当社の社長はコーヒーを知り尽くしたプロで、その専門的な知識に対する取引先の信頼も厚いです。当社は、店舗で炒り立ての豆を提供できること、希少な豆を置いていること、お客様に合った豆を選定できることが強みで、市場価格より2〜3割ほど高くても購入してくださるお客様ばかりです。玄人好みのお店としてスタートしたのですが、実際には家庭用で購入されるお客様のうち、"通"と言えるお客様は1割で、残り9割はコーヒーに少し関心があるくらいの方々です。

　最近では、消費者や仕入業者からの紹介で喫茶店にも卸売をしています。社長のキャリアを活かし、喫茶店の開業支援までコンサルティングを一貫して行うことで、当社から仕入れるメリットを作ることができ、評判になっています。ただ、卸売は小売と比べて利益率が低いというデメリットがあります。

　このようにお客様が増えてしまったので、何とか儲かる

第2章 儲かるお客様を見つける

お客様を見つけていきたいと思うのですが、どうすればよいでしょうか？

吉本診断士の回答

　店頭販売からネット販売、卸販売など、複数の業態で事業を拡大していくと、新しいお客様を獲得できる機会は増えますが、同時に経営資源が分散されて、サービスの質が低下する恐れがあります。限られた経営資源を有効に活用するために、「本当に大切にすべきお客様は誰か？」を問い直してみることも必要になります。

　そのためには、まず自身の"商売の柱"は何か？を見極めなければなりません。"商売の柱"とは、言い換えると"儲け続けるための仕組み＝ビジネスモデル"で、ご自身の商売を取り巻くヒト・モノ・カネの流れを整理することによって、明らかにすることができます。そして、ご自身の商売に最も影響を与える登場人物が"本当に大切にすべきお客様"であり、"儲かるお客様"となります。このとき、必ずしもお金を支払ってくれるヒトではない場合があるので注意が必要です。

　たとえば、今回のケースでは卸売の利益率が低いため、普通に考えると利益率の高い店頭販売をさらに伸ばすべきです。しかし、当然そこには競合も多く、価格競争の影響も受けやすくなります。そこで改めて"商売の柱"は何かを考えてみると、

このお店には喫茶店の開業相談に応えられる独自のノウハウがあり、この開業相談で良好な関係を築いた開業予定者は、開業後も継続してこのお店から豆を仕入れる優良顧客になることが予想できます。このことから、新規に開業を予定しているヒトは、この商売において将来継続して安定的な売上と利益をもたらす"儲かるお客様"であり、また開業支援から卸までの一貫したサポートが、このお店にとっての"商売の柱"であることがわかります。"商売の柱"を再認識し、「本当に大切にすべきお客様」を見極めることで、お客様に合ったサービスの提供と信頼関係の構築により、さらなる売上拡大が見込めるようになります。

市場の多くは「通」や「マニア」でなく、「普通より少しだけこだわりがある」レベルのお客様であることを認識しましょう。

貴店では「コーヒー通」のお客様向けの作り込みは充分にされており、残りの9割のお客様をいかにお店好みの「ファン」に仕立て上げるか、ということが営業を継続していくにあたって必要であると考えます。

数あるコーヒー専門店の中で、市場価格よりも高価な豆を購入するために貴店をお選びになられているということは、9割の「コーヒーに少し関心のある」お客様にも貴店のこだわりに何らかの価値を見いだされているのではないでしょうか。

その9割のお客様に対して、コーヒーの選び方や淹れ方など、「貴店ならでは」の知識や技術をそれらのお客様に継続的に提供し続けましょう。それにより、「このお店でないと自分好みのコーヒーが手に入らない」、「このお店で色々教わったから」と、自然にお客様の貴店への愛顧が醸成されていくはずです。

大切なのは「通」向けの知識でなく、お客様の個々レベルや好みに応じて、段階的に提供していくことです。

「儲かるお客様」とは、必ずしも「お店がターゲットにしているお客様」ではありません。専門店の場合、特に「通」のお客様のみをターゲットにしがちですが、実際は一般より少しこだわりを持つ「その他大勢」のお客様が売上の多くを支えています。そうした「普通のお客様」を大切にし、「自分のお店好みのお客様」になるようにうまく「教育」していくことで、お客様に継続して来店していただけるようになるのです。

売上を上げるポイント

吉本診断士は、儲かるお客様を新規に見つけて安定的な売上につなげるには、現在のビジネスモデルを検証し、整理することが必要だと述べています。一方で、神戸診断士は既存のお客様の中から儲かるお客様を作ることが重要だと述べています。両者に共通するのは、お客様を見つめ直し、本当に儲かるお客様を見極めて、重点的に営業活動を行うということです。

質問3

ただでさえお客様が少ない中、どうターゲットを絞り込んでいけばいいのか？

小さなお店の店主の相談

駅前から少し離れた立地にカフェをオープンして1年になりますが、思ったように客数が増えません。色々な書籍を読んでみると、「お客様を絞り込みなさい」と書いてあります。でも、ただでさえ来店いただけるお客様が少ない中で絞り込んでしまうと、さらにお客様の数が減ってしまうのではないかと心配です。お客様の絞り込みとは、具体的にどのように行えばよいのでしょうか？

中村診断士の回答

あなたのお店を気に入ってくださっているお客様の来店動機は何でしょうか？それを明らかにすることが、あなたのお店のファンを見つけるヒントになります。

お客様の来店動機は、「安いから」、「美味しいから」、「マスターとの会話が楽しいから」など様々ですが、あなたのお店の常連のお客様に聞けば、そのお店のウリがわかります。ここで言う「お店のウリ」とは、他のカフェではなく、あなたのカフェを選ん

第2章　儲かるお客様を見つける

でいただいている理由、つまりあなたのお店の強みです。そのお客様の来店動機を明確に把握した上で、そのお店のウリとなるメッセージを絞り込み、店頭のPOPや看板、さらにはホームページやチラシ、店内のPOPなどで発信するのです。

　お客様は、数あるカフェの中からどのお店に行くか、それぞれのお店のウリを比較しながら無意識に判断しています。ウリが明確でないとお客様に選んでいただけません。自分のお店の良さに共感してくれるお客様に絞り込み、その方の心に響くメッセージを発信することで、客数の増加が期待できるでしょう。絞り込みは客数の低下ではなく、客数の増加につながるのです。

　ちょっとイメージしてみてください。あなたがお寿司を食べたくなり、友人と食べに行くことになったとします。次のどちらのお店に行きたいですか？
A店：お寿司、ラーメン、カレー、ホットドッグなど、色々な
　　　メニューがあるお店
B店：お寿司専門店で、大将が旬のネタを握ってくれるお店

　どうでしょう？B店に行きたいですよね？A店は何でもあるがゆえに、どれもたいして美味しくないような気がしますよね？お客様を絞らずに、様々なニーズのすべてに応えようと品揃えを拡げすぎてしまうと、逆に誰にとっても魅力のないお店になってしまうのです。品揃えだけではなく、お店のインテリアや雰囲気づくりも同様ですね。お客様を絞り、「ある誰か」にとって最高に良いお店にすることが、お客様を着実に増やし

ていく近道なのです。

橋木診断士の回答

最近はどの店に行っても、"そこそこ"おいしい食事や"そこそこ"のサービスを受けられるため、"そこそこ"の店では人の記憶に残ることが難しい時代です。その中で、あなたの店が全ての顧客の要望を満たそうとしていたら、顧客から特徴のない"そこそこ"の店に見られ、顧客が離れていく可能性が多々あります。よって、"ターゲット絞り込み"でお店の価値を際立たせ、駅前から離れた立地でも顧客の記憶に深く刻み込み、顧客を増やしていくことをお勧めします。

では、どう顧客を絞り込んでいけばよいのでしょうか。それにはまず、あなたが店を始めた際の想い、あなたの店のこだわりや強みを再度見つめ直すことからスタートします。そして、現在の顧客の中で自店のこだわりや強みを評価してくれるお客様にターゲットを絞るのです。つまり、相思相愛になれる顧客を見いだすのです。

結果、価格や近さだけではない、あなたの店やウリに魅力を感じるロイヤリティの高い顧客が集まり、来店回数の増加、商品単価アップ等の効果を生み出します。さらに、絞り込みによりお店の価値が際立って、絞り込んだ以外の顧客も来店するようになります。勇気を振り絞り、ターゲット絞り込みを実行してください。

第2章　儲かるお客様を見つける

売上を上げるポイント

　小さなお店の「何でもできる」は、「何もできない」と同じことです。なぜなら、お客様は「貴方のお店にしかできないもの」を求めて来店するからです。
　貴方のお店にしかできないものを求めて来店してくれる、相思相愛のお客様を獲得しましょう。

質問4

品揃え（サービス内容）が先か、ターゲットが先か？

小さなお店の店主の相談

　20年前から家庭用ゲームソフト、トレーディング・カードなどの販売業（新品、中古品）を営んでおります。当初は大手ゲーム販売店のフランチャイズ傘下にありましたが、現在はフランチャイズに加入しておりません。10年前にはフランチャイザーのアドバイスに従い、UFOキャッチャー、プリクラなどを設置したものの採算が取れず、いずれも1年ほどで廃止しました。

　当社の近隣には小・中学校や大学があり、学生や親子連れが当店を利用することが多いのですが、最近ではその数も減少傾向にあります。また、大手ネット通販サイトの参入で価格競争に陥っている他、携帯ゲームの普及によって顧客の家庭用ゲーム離れも進み、ここ数年は赤字経営になっております。そこで、なんとか経営を安定させるために新しい商材やターゲットを探しているのですが、どちらを先に考えればいいでしょうか？なお、当社は顧客リスト（顧客情報、販売情報など）を持っております。

第2章　儲かるお客様を見つける

橋木診断士の回答

結論としては、ターゲット、品揃え（商品、サービス含む）、どちらが先であっても構いません。重要なことは、トライアンドエラーで取り組む中で、顧客が品揃えで満足、または問題解決しているかということです。

今後、新たな展開を検討するにあたり、品揃えに独自性がある、またはターゲットが明確な場合は悩むまでもありませんが、現実はそうでないケースが多々あります。その際は、小さな成功事例を参考にして、まずはどちらかを選んでトライアンドエラーを繰り返すことです。その過程で重視すべきは、顧客が品揃えで満足または問題解決しているかを評価することです。この評価に基づき、ターゲットや品揃えを修正していくのです。そうすることで、ターゲットと品揃えの整合性が高まり、新規顧客の増加、商品単価や買上げ点数のアップが期待できます。仕入先が押す商品だから、安い商品だから、裕福なターゲット層だからと、決して別の評価軸で判断すべきではありません。ぜひ、顧客満足・問題解決の視点で取り組んでください。

柳瀬診断士の回答

現在主力の家庭用ゲームソフト、トレーディング・カードについて今後収益の改善が難しいのであれば、商品にこだわるのではなく、現在の顧客リストを活かした新しい商材もしくはビジネスモデルを開発するのも一つの方法です。江戸時代の商人は、火

事が起こったら大福帳(顧客台帳)を井戸に投げ込んだとも言われています。商売において、顧客リストは収益を生み出す資産です。

具体的には、顧客リストにある情報を整理し、自社の顧客にはどのような特徴があるかを分析します。その上で顧客に対して、自社の強み(経験や取引先)を活かして提供できる商品やサービスがないかを検討します。その際、そのビジネスが他社(他店)に比べて優位に立てること、そしてお客様に支持される強みが明確になっていることが重要です。多くの場合、現在の商品やサービスに関連するものに取り組む方が、成功する確率は高くなります。過去のお得意様が今何を求めているのかを考えてみてください。

橋木診断士の回答

厳しい環境の中、品揃えやターゲットで行き詰まっているようですが、少し目線を変えることも有効です。現在のお客様を最大に活かして、ターゲットの拡大と、これまでとは違う価値の提供を行う方法もあります。すなわち、子供から親へターゲットを拡げる、または親子をターゲットとする方法です。その際は、単にゲームやカードを売るのではなく、久しぶりのゲームの楽しさ、子供とのコミュニケーションという価値を提供するのです。

具体的には、まず親を来店させるきっかけづくりが必要で

す。たとえば、親の同意を必要とした会員制にし、新規入会や更新の場で親の来店を誘導する方法も考えられます。次に、子供と来店する親に向けた店内づくりを行います。今の小学生の親はファミコンを通じたゲーム世代のため、「懐かしソフトコーナー」を作成するのも一案です。または、親がよく知らないトレーディング・カードを解説するコーナーや冊子を作成して、子供との話題を提供します。親子イベントなどで子供と遊ぶきっかけを提供するのもよいでしょう。

このような施策でターゲットの拡大と価値提供を行うことで、新規顧客の増加、既存顧客の来店回数の増加、買上げ点数アップの効果が期待できます。煮詰まった際は、多面的にターゲットや品揃えを見ていくのが有効です。

売上を上げるポイント

今回のケースは、主体的な販売をしてこなかったお店についてです。それぞれの診断士に共通しているのは、きちんとお客様を分析するということです。

橋木診断士はターゲットを変えるにせよ、品揃えを変えるにせよ、まずはアクションを取り、きちんとフィードバックをし、再度アクションを取ることだと述べています。柳瀬診断士は、フィードバックする際のデータを詳細に検討することの重要性を述べています。

（第2章担当：砂　亮介）

第3章

商品を極める

質問1

商品（サービス）には自信があるが、なぜか売れない。

小さなお店の店主の相談

　マンションの2階の1室を利用し、2年前からエステ店を経営しています。私は有名エステ店で働いた経験が10年あり、技術には自信があります。サービスもフェイシャル、痩身、足裏、デトックスなど幅広く提供しています。お客様は近隣の20〜30代の主婦が中心で、主婦向けの安価なお試しコースでは集客できるのですが、なかなか本コースの契約にまで至りません。妊婦向けのサービスも作りましたが、こちらもあまり利用してもらえません。

　近隣には設備の整った大手エステ店などもありますが、技術では劣っていないと思います。技術を磨けばいつかお客様にわかっていただけるという思いでやってきましたが、なぜ売上が上がらないのでしょうか？

橋木診断士の回答

　あなたの店のサービスは、長年の努力と経験に基づく確かな技術だと思います。しかし、技術面へのこだわりが強すぎて、"顧客からあなたの店がどのように見えているか"を意識できていな

第3章　商品を極める

い可能性があります。思い当たる場合はこの提案を読んでください。

　当たり前ですが、サービスはその技術やウリを評価する顧客に届いてこそ効果を発揮します。このマッチングに問題がないかを顧客、競合店、あなたの店の3つの視点で整理します。まずは、あなたの店の強み・ウリを整理します。次に、ターゲット顧客はあなたの店に何を求めて来店するのかを見つめ直します。それは個別のサービスでしょうか、品質、安さ、それとも近さでしょうか。顧客の求めに対し、あなたの店の強み・ウリがマッチしているかを確認しましょう。さらに競合先のターゲットや強み・ウリを調べ、自店との違いや重複を見ていきます。最後にこれらの結果を踏まえて、これまでのターゲットと強み・ウリのズレを確認し、再度マッチングを行います。また、マッチングの修正後には、サービス、価格、プロモーション等との整合性に問題がなく、サービスが適切に顧客へ届いているかも確認します。

　このような一連の確認作業を行うことで、サービスの強み・ウリがそれを評価する顧客に届き、新規顧客の増加、商品単価のアップ、買上げ点数アップの効果が期待できます。さらには自分視点でなく、顧客視点に立ったサービスのこだわりが見えてくるはずです。長年培ったこだわりの技術を、しっかり活かしていってください。

高橋診断士 の回答

　ご経験がおありということで、相応の技術力をお持ちのことと思われます。ただ、技術力が高いというだけでは、なかなか売上につながらないことがあります。現在のメニューなどへの反応が悪ければ、一度サービス内容を再考してみることが必要です。

　まず、お店のお客様像をできるだけ具体的にイメージしてみましょう。30代までの主婦が中心とのことですので、その家族構成、ライフスタイル、使える金額などを想像してみます。実際に来られているお客様だけでなく、「こんな方に来ていただきたい」という視点を入れてみてもよいでしょう。

　次に、その方たちが好みそうなサービスやコースを企画します。切り口は、「時間」＝いつするのか（買い物帰り？お昼の空き時間？）、「目的」＝どうなりたいのか（イベントに合わせて、体調に合わせて等）、「価格」＝単に高い安いではない（値ごろ感、納得感）など色々なパターンがあります。

　お店の高い技術力を、顧客目線で具体的に企画し、適したルートで訴求すれば、必ず利用は増えていくはずです。

冨松診断士 の回答

　技術力が高く、大手競合にも負けない良いサービスをお持ちのようですが、お客様にその良さが伝わっているでしょうか？残念ですが、いくら技術力を磨いてもそれだけではお客様に伝わりませ

第3章　商品を極める

ん。また、お客様自身も技術力の高さを求めているわけではありません。「肌がきれいになった」というような、サービスを受けることによって得られる効果を求めています。

そのため、お客様に利用していただくには、お店のメニューにどのような効果があるかをPRすることが必要です。まずは、競合と比べて「技術面で何が優れているか」、「優れているものがお客様にどのような効果を及ぼすのか」を書き出してみましょう。そして、書き出した効果をお客様がわかるように文章にします。どのような効果があるかを書き、その裏付けとして技術に触れるのがよいでしょう。出来上がった文章は、家族や友人、知人、お客様に見てもらいましょう。素人の方から見てお店の良さが伝わる文章になっていれば合格です。

売上を上げるポイント

お店の強み・ウリをうまく売上につなげるには、自分視点ではなく、お客様視点でサービスにこだわることが必要だとわかりますね。

まず、お客様は誰で何を求めているかということをじっくり考え、求められているポイントに合うように、お店の強みを商品・サービスとして作り上げることが大切ですね。お店の強み・ウリがお客様に伝われば、きっとウリが売上につながります。

質問2
扱っている商品が同じでも、商品力を高めることは可能か？

小さなお店の店主の相談

商店街でドラッグストアを経営しています。同じ商店街に薬局が1店舗、郊外の大手スーパーにもドラッグストアがある中、最近、少し離れた立地にも大手ドラッグストアチェーン店がオープンしました。販売している商品はどこも同じですが、価格競争になるとどうしても大手チェーン店に負けてしまいます。同じ商品でも「商品力を高める」ことは可能なのでしょうか？

高橋診断士の回答

商品がまったく同じで価格が違う場合、消費者はほとんどの場合で安い方を選びます。かといって、大手との価格競争には限界があります。ではどうしようもないかというと、そうでもありません。「ほとんど以外の場合」があるのです。

小さなお店だからこそ逆にできることは、「お客様の困りごとを細やかに解決する」ことです。そこに価格以外の「選ばれる理由」が生まれてきます。

第３章　商品を極める

　まず、現在の顧客を見直してみます。そして、その方たちが抱えている要望、特に見過ごしてしまいそうな小さな困りごとを解決していきます。具体的には、店内の買い物のしやすさ（商品配置、提案陳列）や、体調が優れなくてお店に来られない方への配達や御用聞きといった、顧客の使い勝手の良さに貢献できる事柄です。

　このお店が自分にとっては買いやすいんだ、便利なんだとお客様に思っていただけることが、価格以外の点で他店と違いを出せるポイントとなります。

冨松診断士の回答

　兵庫県に「がんに特化した」調剤薬局があります。個室の完備や必要に応じた薬剤師による患者宅への訪問、サプリメントの提案などを提供されており、遠路からはるばる来店されるお客様もいらっしゃるそうです。

　もちろん、扱われている薬剤はどこにでも流通していますし、個室での相談やサプリメントを扱う薬局も珍しくはありません。特長は、「がんのお客様が欲しいものやサービス」が他の薬局よりも豊富に揃っていることでしょう。

　お客様はすべての商品が揃っている店より、自分の欲しい商品が豊富に揃っている店を好みます。この事例のように１つの専門分野に特化するのが難しければ、「○○コーナー」等を店内の一角に設けることから始められるとよいでしょう。テーマ

も「がん」のような大病だけでなく、生活習慣病など身近なもので結構です。

　事例でお気づきの方もいらっしゃると思いますが、成否の鍵は「接客」にあります。豊富な薬剤や治療方法を、お客様一人ひとりに合わせて選択できる接客能力が必要になります。店長や店員が得意なテーマを設定するべきでしょう。

平林診断士の回答

　利便性というと立地、つまりアクセスの良さがすぐに思いつきます。ドラッグストアでは住居周辺の店舗を利用することが多く、アクセスの良さが利便性と直結することになります。

　それから見落としがちですが、利便性の向上に貢献する大きな要素があります。それが営業時間です。夜間、子供が熱を出した時など、緊急で薬などが必要になった際に、営業時間が大きく利便性に関係してくるのです。

　2009年からコンビニエンスストアでは、登録販売者を設置することで医薬品を扱うことができるようになりました。消費者は夜間、緊急に薬が必要になった場合、コンビニエンスストアに向かえばよくなりましたが、商品の品揃えが十分でなく、また相談に乗ってくれるような専門知識を持った人材はいません。

　ドラッグストア同士の競争では、商品で差別化を図ることは

第 3 章　商品を極める

難しいものの、消費者の行動に沿ってコンビニエンスストアなどと競争する場合は、特長を十分に活かし、利便性で貢献することができるようになります。

売上を上げるポイント

　小さなお店にとっては、価格以外に「お客様に選ばれる理由」をいかに作るかが重要となります。お客様が困っていることを徹底的に解決してあげようとする視点で、お客様にとって便利で快適に買い物ができる環境を作りましょう。さらに「○○の方へ」とお客様を絞ることで、○○の人たちにとって、かゆいところに手の届く品揃えや相談などを提供する、なくてはならないお店になっていくことも効果的ですね。

質問3

多くの人に来店してもらうためには、できるだけ多くの商品を揃えた方がいいのでは？

小さなお店の店主の相談

　創業35年の魚屋を3年前に父親から引き継ぎました。店は地元の商店街にあります。先代は、新鮮な魚をたくさんの人に食べてもらいたいという思いで店を営み、多くのお客様に支持されてきました。私は、より多くのお客様に来店してもらうには、低価格の冷凍ものや加工食品など、できるだけ多くの商品を揃えて多くの顧客ニーズに対応した方がいいと考えています。しかし、先日、この考えを父親に相談したところ、猛反対を受けてしまいました。私の考えは間違っていますか？

吉本診断士の回答

　大手チェーンのように取扱商品のジャンルを増やす品揃えを「商品ラインを広げる」と言い、専門店のように特定の商品のバリエーションを増やすことを「商品アイテムを深くする」と言います。自分のお店に合った品揃えを考えるには、まず対象とするお客様を明確にすることから始めます。

第3章　商品を極める

　このケースでは、「新鮮な魚をたくさんの人に食べてもらいたい」という先代の思いがお客様に支持されていたことから、対象顧客を"新鮮な魚にこだわりを持つ層"に絞ることが大手チェーンと差別化するポイントになります。これにより、「商品ラインを広げる」加工食品や冷凍品の品揃えを避け、代わりに地元の近海で採れた魚など、新鮮にこだわった「商品アイテムを深くする」品揃えを強化すべきことがわかります。

　新鮮な魚であれば多少高価でも、その希少性により、こだわりを持つお客様の購買が期待でき、客単価がアップするでしょう。また、たとえばマグロの種類を多く取り揃えるなど専門性を高めると、遠方からの来店も見込めて商圏を広げることができます。

　ターゲットを絞り、それに合わせて商品の絞り込みと深化をすることで、競合との差別化を図ることができ、客単価のアップと商圏の拡大による新規顧客の獲得が期待できるのです。

神戸診断士の回答

　現在のお店の規模で新たな冷凍品や加工食品を増やしたとして、お客様が満足し、競合となるスーパーや他の惣菜店に負けないくらいの品揃えができるでしょうか？

　お店の規模が大きくて十分余裕があるのであれば、お客様の選択肢を増やす取り組みとして新たな品揃えをすることも可能かもしれません。しかしながら、1店舗で幅広い品揃えを達成すること

が非常に難しいのは言うまでもありません。

　長年、「新鮮な魚」を提供するために、先代は仕入先や目利きなどで多くの工夫をされてきたと思います。今お店にいらしているお客様は、そうした貴店のこだわりを支持されて来店されていると想像できます。

　お店の「商品」とは「商品そのもの」ではなく、お店の品揃えや店主の思い、こだわりでもあるのです。もし品揃えを増やされるのであれば、お店の思いやこだわりを活かして、「美味しく、新鮮な魚を知り尽くした鮮魚店ならでは」の、他のお店には並んでいないようなお惣菜や加工食品を提供してみてはいかがでしょうか。そうすれば、お店の良さをご存知である既存のお客様に新たな商品選択肢を提供するとともに、普段は鮮魚をお求めにならないような新たなお客様を獲得し、お店のファンになっていただくチャンスとなるでしょう。

冨松診断士の回答

　より多くのお客様に来店していただくために、品揃えを増やすこと自体は良いことだと思います。しかし、店主さんのお店はただの魚屋ではありません。新鮮な魚を提供することでお客様から支持をいただいている特別な魚屋です。ですから、冷凍ものや加工食品などについても、お客様を失望させない特別な商品が必要です。新商品の採用には注意が必要でしょう。

　しかし、他社の商品に頼らずとも、今ある商品の使い方次第

で色々と対応が可能だと思います。たとえば、今ある新鮮な魚を調理した惣菜を販売してみてはいかがでしょうか。恐らく、今のお客様層のほとんどが、ご自宅で魚を料理できる方でしょう。そのため、料理が苦手な方や忙しくて時間がない方にはご利用いただけていないと思われます。ここに惣菜があれば、新鮮で美味しい魚を気軽に楽しんでいただき、新たなお客様層を開拓することができます。また既存のお客様にも、時間がないときに惣菜を利用していただくことが可能です。

売上を上げるポイント

　小さなお店では、買っていただきたいお客様を絞り込むこと、そのお客様に合わせた品揃えに特化することが、他店と差別化し、売上を上げるポイントとなります。不思議ですが、絞り込むことで逆に売上が上がります。先代が築き上げられてきた、新鮮な魚を求める顧客の方々に対する思いやサービスを、より活かす形での品揃えを検討することが重要となりますね。

質問4

新しい商品やサービスを展開したいが、どんなことに気をつければいい？

小さなお店の店主の相談

　私は車の販売業を10年間営んでいます。従業員が3名、固定顧客が300人の状態で、現在は何とかうまくやっているのですが、今後、環境問題や高齢化社会の到来、若者の購買意欲の低下などを考えると、車の販売業だけを続けていくには少し限界を感じています。

　そんな折、ある友人から飲食店を始めないかという誘いがあり、新たな事業を起こすかどうかで迷っています。どんな世の中になっても食だけはなくならないだろうという思いもあり、できればやってみたい気持ちが強いのですが、経験のない業種ということで不安もあります。新たな分野に取り組もうとするときに、どのような点に気をつければいいか教えていただけますか？

中村診断士の回答

　既に何らかの事業をしていながら新たなビジネスを始める場合、一番に考えていただきたいのは、これまでの事業で培ったもの、蓄積してきた資源を活かすということです。資源とは主に、業界

知識やノウハウ、仕入れルート、お客様、スタッフなどです。もし業界知識を活かすなら、既存事業に関係する別サービスを新商材として販売し、仕入れルートを活用するなら、ターゲットを変え、同業界の商品群を仕入れて販売します。お客様を活かすなら、現在の顧客層が望む他の商品を販売し、スタッフ力を活かすなら、スタッフの得意なことを新たな商品やサービスとして販売します。

　このように、今持っているものや、これまでのビジネスで蓄積してきたものを活かすことが、成功のための重要な条件です。市場性や成長性があるからといって、これまで蓄積した資源を活かせない全く新たな分野に参入することは極力避けるべきでしょう。なぜなら、参入した場合、既にその分野に精通し、活用できる資源を持つ競合が複数存在するため、そこに勝つことは容易ではないからです。現在は車の販売業とのことですので、あえて成功率の低い分野に進出するよりも、車に関係するサービスや、既存のお客様に販売できる商品などを考えてみるべきです。たとえば、カー用品販売、自動車ローンの対応、車での旅行の手配などです。このように、今持つもの、これまで築いてきたものを活用することが、新規事業を成功させるための近道になるのです。

> **砂診断士の回答**

新規事業を行う場合の最大のリスクは、既存事業を圧迫することです。社長は何となく儲かりそうだからという理由で、副業として飲食業を始めようと考えていますが、本業である車の販売業に意識が向いていないのは問題です。

なぜなら、新規事業を行う場合、既存事業の経営資源が活用できるかということに注力して着手しますが、逆に考えると、失敗すれば既存事業の経営資源を食いつぶす可能性もあるからです。特に中小企業の場合は、限られた経営資源をやりくりして新規事業を行うため、既存事業への影響はとても大きくなります。

社長は、本業とは無関連な飲食業を考えておられます。関連性のない業界への多角化は、リスク分散になるメリットもありますが、新規事業を行うリスクが増えるので、全体ではリスク要因が増えるデメリットがあります。

そこで、本業の回復もしくは成長を軸に考え、副業が本業にどのような影響を与えるかを重視した計画を立てて、実行することをお勧めします。本業と副業に関連性のない場合は、なおさら慎重にならなければなりません。貴社の場合、車の販売が停滞しているわけですから、本業が伸びるように副業を計画しなければなりません。たとえば、車のショールームに併設したカフェをオープンすれば、商談がスムーズに進む空間になったり、車の点検をしている間のくつろぎの時間になったり、車の

模型をたくさん並べて車愛好家が集えたりといった環境になり、車の販売促進を期待できます。

いずれにせよ、友人からの勧めといった安易な理由と、食だけはなくならないだろうといった甘い見通しで新規事業を始められることはお勧めしません。

売上を上げるポイント

小さなお店が新たな分野に進出する場合、今まで培ってきたノウハウ、お客様、仕入ルート等を活かすことができるかを考えましょう。本業におけるお店のウリが、うまく相乗効果として出てくることが重要ですね。また新規分野への進出は、お金や人や時間を分散することになりますから、本業を圧迫しないようなリスク管理も必要です。撤退ポイントを事前に計画しておくことで、ここまでは進めるといった本業へのリスク管理も行えると思います。

（第３章担当：戎　欽也）

第4章

お店を輝かせる

質問1

お店をじっくり見てほしいのに、すぐに帰る人ばかり。どうしたらいい？

小さなお店の店主の相談

雑貨店を経営しています。店内に置いているものだけでなく、お客様のご要望に沿ったオーダーメイドのお取り寄せもできるようにしています。店内奥まで入っていただき、じっくりとお店を見ていただければ、当店の良さやオーダー商品のご提案もできるのですが、ほとんどのお客様は店頭の商品を手に取り、お帰りになってしまいます。お客様の店内の滞留時間を長くしたいのですが、どのようにすればいいのでしょうか？

柳瀬診断士の回答

雑貨を並べているだけでは価値は伝わりにくいと思います。こだわりのあるお店なら、なぜその商品を並べているのか、この商品にはどのような価値やストーリーがあるのかを上手に表現すれば、お店に対する顧客の関心が高まり、滞留時間や店主との会話も増えます。

具体的には、こだわりの商品には詳しい商品説明POPを付

けることをおすすめします。人間味あふれる手書きPOPがいいですね。生産地や制作者、どのような使われ方をするか、売り手としてどうしてこの商品を店に置きたかったのか、購入者の感想など、その商品に関する情報をたくさん書いてください。制作者のコメントを紹介したり、工房の写真を掲示したりするのもいいですし、さらにおもしろいエピソードがある商品の場合には、「詳しくは店主がお話ししたいとウズウズしております」という感じで店主とのコミュニケーションの機会を作ります。

　これにより、商品の価値だけでなく、お店のコンセプトやこだわりが伝わり、お客様のファン化（固定客化）が可能になります。お客様にも、店主と親しく会話することで自分が特別に扱われているような意識が生まれ、お友達に自慢するなどの口コミ拡大効果も期待できます。また、絶えず新しい商品を店頭に並べることで、来店すれば新しい発見があるとお客様に印象付け、来店頻度を高めることも大切です。近日中に入荷する商品があれば、「Coming Soon」と紹介して見本を展示するなど、店頭に「動」を演出するのもおもしろいでしょう。

高橋診断士の回答

お伝えしたい商品の良さが色々あるのに、店頭をさらりと見ただけでお客様が帰られてしまう…もったいないことです。滞店時間を長くするお店づくりを工夫しましょう。ポイントは３つです。

　①興味・関心を持ってもらう入り口付近ゾーン

　②興味をお持ちになったものをより知ることができる中間ゾーン

　③コミュニケーションの取れる隔離されたゾーン

この３ゾーンを、メリハリをつけながらも自然な流れで配置し、店舗全体でお客様にストーリーをご提供するのです。

①のゾーンでは、POPを置いたり、目玉商品など訴求力のある商材を強調したりして、まずお客様の足を止めて興味を持っていただきます。そして関心を持たれたものを、②のゾーンでグルーピングして探しやすくするとともに、詳しいパンフレットなどでさらに深い情報を提示します。この辺りから様子を見て、お客様のご興味に沿った接客でコミュニケーションを図っていきましょう。

お客様の興味が強くなって商品の選択段階に入ってきたところで、やや奥まった落ち着きのある空間でゆったりと座れるスペースになっている③のゾーンにご案内します。こちらでは商品の特長やオーダーの方法など、商品購入の具体的なイメージを描いていただき、決定行動につなげていきます。

第４章　お店を輝かせる

　このように、役割を分担したゾーン分けで「流れ」を演出することによって、お客様の心理もその流れをたどっていきます。各ゾーンのポイントは、①興味を引くアピール力、②情報整理ができるわかりやすさ、③決定をうながすサポート力、ということになります。

売上を上げるポイント

　ご来店されたお客様に対して、商品が「おいで、おいで」と語りかけていますか？商品だけでなく、お店全体でお店のこだわりを伝える工夫を行うことで、お客様は色々な商品に興味を持ち、滞店時間も長くなります。結果、お求めになる可能性も向上するのです。

質問2
POP 1つで売上が変わると聞くが、何を書けばいい？

小さなお店の店主の相談

和食の店舗を経営しています。腕に自信があり、一度注文してもらえればお客様に喜んでいただける料理だと自負しています。ただ、自分のこだわりやおすすめの料理がなかなかお客様に伝わっておらず、お客様には単なる「居酒屋」として認識されているようです。店内のPOPやメニューを変えるだけでも売上が変わると聞きますが、どのように変えて、何を書けばいいのでしょうか？

吉本診断士の回答

POPでアピールをする前に、まずお店や店主を信頼してもらうことが重要になります。

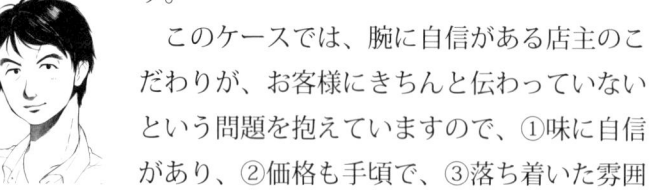

このケースでは、腕に自信がある店主のこだわりが、お客様にきちんと伝わっていないという問題を抱えていますので、①味に自信があり、②価格も手頃で、③落ち着いた雰囲気のお店という特長があるのであれば、次のようなキャッチコピーが考えられます。

第4章　お店を輝かせる

「本格日本料理を手頃な価格で味わえる"大人の隠れ家"」
　　①　　　　　　　　②　　　　　　　　　③

さらに、裏付けとなるサブキャッチコピーを用意するのも効果的です。

「老舗料亭で修業を積んだ料理人が、旬のこだわりの食材に
　（味、技術力の裏付け）　　　（仕入れの目利き、食材）

ひと手間もふた手間もかけて提供する本格日本料理の数々。
　（品質）

料理に合ったお酒とともに、あなたの心を満たします。
　（付加価値）

我が家のようにわがままの言える店"○○○"へようこそ」
　（サービスの個別対応力）

　このようなお店の「ウリ」を、店頭の垂れ幕や箸の袋、ランチョンマットなどに書いておくことで、お店の特長がお客様に伝わり、「店長おすすめ」のPOPが効果を発揮します。
　お店のキャッチコピーとPOPを正しく連動させることで、来店者の購入単価アップが期待でき、さらにお客様による口コミ宣伝が促進され、新規顧客の増加が見込めます。

中村診断士の回答

　効果的な方法を3つご紹介します。
　1つめはネーミングだけではわからない商品の説明です。といってもスペックを書くのではなく、その商品の特長をお客様のメリットの観点から書きましょう。たとえば、ブランド牛であれば「○○牛」ではなく、

「脂たっぷり肉汁あふれる○○牛」といった感じです。

2つめは人気の証明です。「1日100食売れるラーメン」、「リピート率90%のやみつきプリン」などと書かれていると気になりますよね。当店売上No.1なども効果があります。

3つめは食べた感想です。お客様の感想を書くのもいいですが、店員さんの感想も効果があります。本屋などでもよく見かけますよね。店員さんが売る立場からではなく、一消費者として食べた（使用した）感想というのは、まったくの素人の感想よりも強力です。なぜなら、その道のプロが個人的にもいいと感じて選んでいるということですから、信憑性があるのです。

このように、まずはこの3つの観点からPOPを書いてみましょう。こうしたPOPは売上アップだけでなく、何を食べようか迷っているお客様へのアドバイスにもなって喜ばれるでしょう。

山﨑診断士の回答

料理の味だけでお店のウリを伝えようとしているため、「和食店」としてのイメージをお客様に伝えきれていない可能性があります。POPやメニューをうまく活用し、「ウリの料理」を認識していただき、お店のこだわりやオススメ、和食店のイメージも併せて伝えることが重要となります。一般的には以下

第４章　お店を輝かせる

の見せ方が重要です。

①「目立たせる」＆「ネーミング」

「ウリの料理」の文字を大きくする、写真を掲載するなどして、メリハリをつけて目立たせましょう。居酒屋にあるような料理でも、「和食人が○○にこだわった△△」とネーミングを工夫すれば、こだわりや和食店であることを伝えることができます。

②物語（「理性」に訴える）

店主の経歴や料理にかける思い、調理技術の高さ、食材のこだわりなど、なぜウリなのか、なぜオススメなのかの理由を伝えます。

③五感に響かせる（「本能」に訴える）

たとえば、「熱々」などのキーワードや写真を入れて、料理の色彩、食感や味のイメージで食欲を高めます。

以上、主な点を挙げましたが、POPやメニューだけでなく、お店の雰囲気や接客など営業全体を通じてウリを伝えることも重要です。

売上を上げるポイント

商品のこだわりやおすすめポイントを整理して正確に伝えることで、購買確率が向上し、売上につながります。

質問3

常連さんの要望に応えていたら、お店が何屋さんかわからなくなってきた。そろそろ軌道修正したい。

小さなお店の店主の相談

　一念発起して、念願のカフェ&物販のお店を開業しました。少しずつ常連さんが増えてきたのはうれしいのですが、困ったことが起きています。よく来ていただいている常連さんの要望や、「私の作った雑貨も置いてよ」という声にお応えし続けていたら、開業当初のコンセプトとかなりかけ離れた商品が販売用の棚を埋め尽くしてきたのです。このままでは「何屋さん」なのかわからなくなりそうです。そろそろ軌道修正し、お店のコンセプトやウリを明確にしていきたいのですが、どのようにすればよいでしょうか？

佐々木診断士の回答

　常連さんの要望に応えようとすることは、素晴らしいことだと思います。しかし、その中で「何屋さん」かがわからなくなってきたとのこと、もしかすると「自分らしさ」、「自分のお店らしさ」を見失っているのかもしれません。そういった時は、1度原点

第4章 お店を輝かせる

に立ち返ってみることが大切です。創業時にどのような思いをもって、なぜ創業されたのでしょうか？

　創業時のコンセプトは、「誰に」、「何を」提供して、「どのように」喜んでもらおうとしていたのかを振り返ることで整理できます。そして、お客様に喜んでもらうために考えた「強み」の活きた特長が、お店のウリです。お店を続けていく中で、思いが成長・発展することもあると思います。最初の思いに無理に執着する必要はありませんが、原点に立ち返って、そこから改めて「今後のお店のありたい姿」を思い描くと、お店の目指すコンセプトやウリが明確になってきます。

　開業当初の思い、経営を通じて感じたこと・気づいたことを加味して、これから「誰に」、「何を」提供して、「どのように」喜んでもらいたいのか、そのためにどんな特長を出していくべきかを考えてみましょう。コンセプトとウリが明らかになると、常連さんの言うことを何でも聞くのではなく、意見も参考にしながら、自分らしいお店づくりが行えるようになります。お店を経営する楽しさ、やりがいだけでなく、客単価もアップして素敵なお店になること請け合いです。

冨松診断士の回答

開店当初から確たるお店のコンセプトを定められていたことは、素晴らしいと思います。しかし、現在のお店のあり様がコンセプトと一致していないんですね。でも、別に構わないと思います。

そもそも、商売はお客様の要求を満たす活動です。今のお店の形は、少しずつ増えてきたお客様の要求に対して、誠実に応えてきた結果です。もちろん、店主さんのお店ですので、信念を持ってご自身のコンセプトを貫かれることも大事です。しかし、「来店されるお客様を見てお店を作る」という方法も、大切なやり方です。

あえてコンセプトが必要なのであれば、「お客様みんなのお店」でよろしいのではないでしょうか。店主さんのお店に集まるお客様達の好みが詰まったお店とし、商品や店舗の雰囲気が好きな人たちが対象顧客です。

ただ、現状のように何でも置くやり方は変えるべきでしょう。このお店は特定個人の好みが反映される店ではありません。あくまで、みんなのお店です。そのために、定期的に販売用棚の商品を見直すようにしましょう。売上高や販売数量などから各商品の状況を把握しましょう。ほとんど動きがなく、商品棚を占拠し続ける不用品が見つかるはずです。彼らには早々にご退場いただき、新しい商品のスペースを確保しましょう。

また、取扱商品の点数については上限を決めておいた方がよいでしょう。新しいものを1つ入れるには何か1つ削らなけれ

ばならないという環境を作れば、自動的に取捨選択が習慣化するはずです。

売上を上げるポイント

　外的環境が変化する中で、お店を創業当時のままのコンセプトで続けていくことは難しい場合もあります。お客様に併せて変化させていくことも大切ですが、「現在の自分のお店の立ち位置」を明確にし、お店づくりを行っていきましょう。

質問4

お客様の記憶に残るお店づくりとは、どのようにすればいいのか？

小さなお店の店主の相談

　地元密着で代々和菓子屋を経営しています。これまで試行錯誤を重ねながら、様々な和菓子の開発を行ってきました。おかげで、当店一番のおすすめ商品をお買い求めいただいたお客様には、必ずリピートしていただいており、午後には売り切れになることもしばしばあります。しかしながら、商店街から少し離れた立地にある上、店頭も色々工夫しているもののパッとせず、目の前を通ったお客様の印象に残り、立ち寄っていただけるような店頭演出がなかなかできません。当店のウリである和菓子を見せながらお店づくりをしていきたいのですが、どのようにすればいいでしょうか？

橋木診断士の回答

　あなたの店の自慢の商品にスポットライトは当たっているでしょうか。本当に見てほしいウリの商品は何かを明確にし、商品展示ではメリハリを利かせ、記憶に残る店づくりを行っていきましょう。

第4章 お店を輝かせる

あなたの店のショーウィンドウは、自社商品や仕入商品でいっぱいになっていませんか？お客様は一番目立つ場所にある商品、一番広くスペースを占めている商品をお店のウリの商品と認識します。しかし、お店のウリの商品から品揃え用の仕入商品まで、多くの商品がショーウィンドウに展示されていると、おすすめ商品の印象を薄めてしまいかねません。ウリの商品を明確にすることはもちろん、その他の商品を展示している意味は何か、その商品は本当に必要かを一から再検討し、商品の陳列量を減らしてスッキリさせましょう。

陳列量を減らすとウリの商品が品切れになり、展示商品がなくなってしまうと心配する必要はありません。売り切れ時には店内、店外に看板を出すことで「売れている感」が伝わり、関心をひくことができるからです。

メリハリを利かした品揃えで、新規顧客の増加、既存顧客の来店回数の増加、買い上げ点数のアップを図っていきましょう。

砂診断士の回答

お客様をひきつけるストーリー性のある店づくりを行います。お客様が店頭で立ち止まってからお店に入って出ていくまでの間に、「入りたくなる」、「また来たくなる」ように、お客様の五感に訴えます。

たとえば、店頭でお餅をついて、出来たて熱々のお汁粉の試食会を行うことで、お餅を

つく音（聴覚）、お餅のつやつや感（視覚）、湯気（触覚）、甘い匂い（臭覚）を演出し、「今しか味わえない」、「美味しいものが食べられるかも」という期待感をお客様に感じてもらい、お店に「入りたくなる」ようにします。

　店内においても、和服を着た店員を配置し、丁寧な接客を心がけ、くつろぎのスペースを設けるなど、五感に訴えた純和風な店づくりを行うことで、「落ち着いたお店」、「また来たくなる」といった印象をお客様に与えます。

　このように、非日常的な感覚をお客様に伝え、期待感を高める仕掛けを作ることで、お客様に「入りたい」、「また来たい」と感じてもらえるだけでなく、記憶に残るお店になって来店頻度も高まります。

柳瀬診断士の回答

　自社で開発したオリジナル和菓子のこだわりポイントを、店頭でわかりやすく表現することが大切です。職人の多くが「食べればわかる」とおっしゃいますが、まず一口食べていただけるまでの努力が必要です。たとえば、店頭での製造実演や試食を定期的に行ってみてはどうですか。原材料や加工方法に関するこだわりを説明しながら製造し、小分けにしたものを試食してもらうのです。こだわりの材料があるなら、説明用のパネルを作るのも効果的です。写真や図を中心にして、文字をあまり読まなくていいものがよいでしょう。

第４章　お店を輝かせる

　他にも、和菓子開発自体を、店舗のプロモーションにしてしまうのもおもしろいと思います。開発中の試作品を食べてもらって、試食の反応や感想を参考に商品開発を行います。地域のお客様と一緒に試行錯誤しながら開発した商品なら、それだけで地域のお客様の受け止め方が変わってきます。

　このように、工夫しながら定期的に店頭プロモーションを行ってライブ感を演出することで、店頭が賑わって注目度がアップし、来店客の拡大が期待できます。

売上を上げるポイント

　多くの商品をまんべんなくご覧いただくのではなく、お店の一番のウリを中心にした演出などの工夫を行い、お客様に「○○といえば▲▲（あなたのお店）」と連想していただくことができれば、お客様の来店回数も増えていきます。

（第４章担当：神戸　壮太）

第5章

お店を知らしめる

質問1

お店の前の人通りは少なくないが、誰も入ってくれない。

小さなお店の店主の相談

駅前の商店街で小さなネイルサロンを経営しています。商店街自体の人通りは少なくありませんが、お店に入ってくれる方がほとんどいらっしゃらないのが悩みです。

定期的に地域タウン誌への広告掲載やチラシのポスティングをしていますが、ほとんど反響がありません。一度来店されたお客様のリピート率は高く、サービスは好評なのですが…。

青木診断士の回答

自店舗のウリを明確にし、そのウリに反応するお客様に絞り込んだメッセージを発信することが重要です。また、あなたのお店の業態は、実際にサービスを体験しないとその価値が伝わりにくいため、未体験のお客様に価値を伝える工夫が必要です。では、実際の改善案についてアドバイスしましょう！

まずは、お客様の来店動機を把握することが重要です。何度も来店してくださったり、友人を紹介してくださったりするお

第5章 お店を知らしめる

客様に、当店のどこを気に入っているのか聞いてみてください。その答えこそが、あなたの「お店のウリ」になります。ここで言う「お店のウリ」とは、お客様に価値を提供できる自社の強みのことで、競合よりも自社を選んでいただいている理由になります。これを明らかにするのです。

　その上で、店前通行量が一定以上あるということですので、その「お店のウリ」を、イーゼルなどの目立つ販促ツールを使って店頭で発信するのです。ここで重要なのは、あなたのお店のウリに対するお客様の声を示すことです。なぜなら、お客様の声を掲載することで、見込み客にサービスの疑似体験をしていただくことができるからです。他店との違いである「お店のウリ」を明確にし、そのメッセージに響くお客様に発信することで、客数の増加が見込めるでしょう。

西谷診断士の回答

　まず質問ですが、お店の外装や看板はどのような感じですか？ネイルサロンらしい見栄えになっていますか？ご相談者様は大きな看板やネオンサインで存在をアピールしているつもりでも、ひょっとすると通行人にはネイルサロンに見えていないかもしれません。

　たとえば、看板の色調が青や黒などの男性的なイメージであったり、年配の方をイメージさせる茶系であったりしたら、お店の対象顧客となる女性の通行人は、自分とは関係ないと判断して目に留めないでしょう。これとは反対

に、淡いピンクなどは女性向け商品であることをはっきりと伝えるため、顧客候補の関心をより一層ひくことができます。

このように、看板や外装を作成する際は、デザイン性だけでなく、何のお店かわかりやすくすることも重要になります。自店のイメージがきちんとお客様に伝わるような表現ができているかどうか、現状を確認してみてください。

中村診断士の回答

お店に入ってもらうためには、大きく2つの要素が必要です。それは「認知」と「関心」です。

「認知」してもらうためには、何かしら視界に入るものがあること、すなわち、飛び出した看板、通路に置かれたボード、目立つ色のポスターといった「モノ」です。

「関心」を持ってもらうためには、看板などに書かれた文字や内容が相手の心に留まるということ、すなわち、伝える「メッセージ」です。

お店の前を通るお客様が真っ直ぐ前を向いて通り過ぎてしまうのなら、「認知」が不足しており、視線は向けるけれど入ってくれないのなら、「関心」が不足しているということです。

「認知」してもらうための「モノ」は、ボード、サイン、看板、ポスターなどが一般的ですが、きれいな花やインテリア的に置かれた椅子なども目をひきます。設置する際には、実際にご自身で遠くから歩いて来て、目に留まるかどうかしっかり検証し

てください。人通りがあるお店ですから、店頭を徹底して活用することで来店客が増えることでしょう。

売上を上げるポイント

何をしているのかよくわからない「謎のお店」は、決して少なくありません。店主は商品やサービスの良さを知っていても、それを伝える努力をしなければ、他人であるお客様にはわかりません。お客様に知っていただくべき良さ＝ウリをどのように見つけるか、そしてどう伝えるかを考える必要があります。

質問2

チラシを配布（ポスティング）しても、苦労の割に効果は疑問。効果的なチラシの配布方法はないか？

小さなお店の店主の相談

　30年前から地元スーパーの隣で理髪店を営んでいます。昔は、買い物と言えば地元スーパーという状況で、特に宣伝しなくてもスーパーの買い物客がうちに流れていました。しかし5年ほど前、郊外に大型スーパーが開店して以来、地元スーパーの買い物客が激減し、うちのお客さんも半分以下になってしまいました。

　そこで2年ほど前から、1ヵ月に1回、チラシを作ってポスティングしていますが、今のところ効果を感じられません。チラシの作り方や配布について良い方法はないでしょうか？

中村診断士の回答

　チラシの内容が、単に商品やサービス、価格などを伝えるだけになってはいませんか？ お客様がチラシに目を留める基準は、「自分に関係があるかどうか」です。ということは、「自分に関係がある」と思わせるメッセージを入れることが重要なのです。

第5章　お店を知らしめる

それは、具体的に言うと「苦痛に訴える」か「快楽に訴える」メッセージになります。この商品やサービスを使えば、「ひどい体の疲れがとれますよ」（サプリメント：苦痛に訴える）、「思い出に残るふたりのクリスマスを」（夜景のきれいなレストラン：快楽に訴える）というものです。御社は理髪店ですから、「カットでデキるオトコに仕上げる」、「暑さを吹き飛ばすサマースタイル」、「10歳若返るヘアカラー」など、髪に関する悩みを解決するメッセージを伝えます。このメッセージが目に入って、「あ、私に関係あることだ」と思えば、そこで初めて価格などの詳細なサロン情報を見てもらえるのです。

理髪店はイメージ中心の似たようなチラシが溢れているだけに、工夫次第で反応率を大きく改善できることでしょう。

高橋診断士の回答

地域の方々にお越しいただく場合、配布する地域を設定できるチラシが有効な手法と言えます。ポスティングをされているとのことですが、設定したターゲットにちゃんと到達しているでしょうか。まず商圏調査を行い、来てほしい方の手元にチラシが届く地域を想定します。また、ポスティングの他、新聞折込・情報誌折込なども検討できます。最近は新聞購読率が下がっているとはいえ、理髪店ということで中年以上の男性が主

なターゲットであれば、ある程度の効果は見込めるでしょう。配布地域が設定できれば、曜日や季節のタイミングを検討して、定期的に入れるだけでなく連続して入れるなど頻度も変えてみます。

　紙面のつくりにもポイントがあります。それは「興味をひく」、「わかりやすい」、「行動のきっかけになる」ということです。数字や特長が目立つようにアピールし、イラストや写真で内容をしっかり伝え、キャンペーンや特典などで誘引し、実際の行動に結びつけるつくりを心がけましょう。

神戸診断士の回答

　30年の間にお店周辺の住宅環境、お客様の年齢層や周辺道路での買い物動線も大きく変化していることと予想されます。市場環境が変化している中で、無差別にチラシを配布し続けることは、労力のロスが大きいと考えます。まずは、現在来店されているお客様リストを元に、地図を片手に今の商圏図を作成してみましょう。貴店の想定している商圏とお客様の来店されている商圏が合致していればそれを中心に、外れているのであれば効果の高い地域に対して重点的に、宣伝活動を実施していく必要があります。

　具体的には、配布地域を町名、番地、団地等で細分化し、回収時にいつ、どこに配布したかがわかるような目印をつけておくなどの工夫ができます。理髪店ですので、お客様のご利用は

第5章 お店を知らしめる

「チラシがあるから来店」ではなく、整髪の必要性に応じた来店となるわけですから、目印は有効期間の設定を変更するヒントにもなります。さらに来店客を顧客リスト化すれば、配布地域と回収枚数に対する地域別の効果測定・検証も可能です。

売上を上げるポイント

毎日、数多くのチラシが配布されていますが、ほとんど目を通されることなく捨てられています。「とりあえずチラシを作ってみた」程度では、なかなか効果を得ることができません。具体的なお客様の顔を思い浮かべ、その人が興味を持つような内容や表現を吟味すべきでしょう。

また配りっぱなしは NG です。効果の検証は必ず行いましょう。その試行錯誤を繰り返す中で、自店オリジナルの効果的なチラシが出来上がります。

質問3

お金をかけずにお店を宣伝する方法は？

小さなお店の店主の相談

　私鉄の駅から徒歩5分の住宅街で居酒屋を経営しています。駅前の大通りは通行人が多く賑わっていますが、店は脇道に入った所にあり、目の前の人通りはまばらです。売上が少なく、利益もトントンか赤字が出る有様ですので、より多くの方に店を知ってもらって来店していただきたいと思っています。あまり宣伝にお金をかける余裕はありませんので、お金をかけずに店の宣伝をする良い方法はないでしょうか。

吉本診断士の回答

　対象顧客を絞ることで、費用を抑えた効率的な宣伝を行うことが可能です。そのためには、まずどのようなお客様に来店してもらいたいのかをできるだけ具体化し、その人たちにどのようにすれば接触できるか、そしてどうやって興味を持ってもらうかというアプローチ方法を明確にする必要があります。

　今回のケースでは、対象顧客層は近隣オフィスのOLなのか、帰宅途中のビジネスパーソンなのか、あるいは住宅街の中高年

第５章　お店を知らしめる

夫婦なのか、それによってお店のウリも伝え方も変わってきます。帰宅途中のビジネスパーソンが対象であれば、一人で訪れる場合が多く、「大人の隠れ家」のような雰囲気が好まれるはずです。こんなお客様には、美味しいお酒と肴をアピールしたチラシを、仕事帰りの時間帯に駅前で配るのが効果的です。一方、近隣住宅街の中高年夫婦が対象であれば、旬の素材やこだわりの仕込み、落ち着いた雰囲気などをアピールしたチラシを、地元のスーパーや美容院に置いてもらったり、タウン誌に載せたりするのが効果的でしょう。チラシはいずれも、手書きの方が手に取って読んでもらえる率が高まります。

　宣伝は漠然と行うと、見てほしい人に届かず、また相手の心にも響きません。具体的に来てもらいたい人をイメージし、その人たちをどのように誘えばよいか、またその人たちとはどこで会えるかをじっくり考えましょう。

神戸診断士の回答

　貴店のウリは何でしょうか？「私鉄の駅から徒歩５分の距離にある、ただの居酒屋さん」であれば、徒歩５分以内にある他のお店に行かれるお客様の方が多いでしょう。貴店には、お客様に「わざわざご来店していただく理由」が必要です。

　今回のお悩みですが、最もお金がかからない宣伝は「口コミ」です。口コミで紹介してもらうことで、来店につなげることです。しかし、それには一度来店していただ

いたお客様に「紹介したい」、「連れて行きたい」と思わせる動機を提案する必要があります。

まず、お店のウリやこだわりがお客様に正確に伝わっていますか？「ただの居酒屋」とお客様に認識されているのであれば、口コミは期待できません。お店のこだわりが明確に伝わるような取り組みについて、本書の他の章を参考にしてみてください。

また、来店されたお客様が改めて貴店のことを思い出すような取り組みをされていますか？ショップカードをお渡しする、メールやSNSなどで定期的にお客様に情報発信を行う、などのお店のウリやこだわりをお伝えする仕組みを作りましょう。

ご紹介いただいたお客様に対しての感謝やインセンティブがあれば、なお良いでしょう。ご紹介されたお客様の愛顧にもつながります。お金をかけずに宣伝することは難しいですが、継続的に取り組むことで効果は現れます。

佐々木診断士の回答

タダで宣伝してもらう方法が大きく2つあります。1つはお客様、もう1つはメディアです。後者についてポイントを紹介します。地域のグルメ雑誌やローカルのテレビ番組でお店が紹介されれば、なけなしのお金で小さな広告を出すよりずっと大きな宣伝効果があります。では、どのようにすれば紹介してもらえるのか？それは、雑誌社やテレビ局の人の気持ちになって考えてみるとわかります。

記事にしやすいネタがないとメディアも取り上げにくいので、まずはネタを用意し、それからメディア企業に売り込みをしましょう。一度で諦めず、何度も継続的に売り込むのがポイントです。記事にしやすい（読者が食いつきやすい）ネタとは、たとえば、ある分野で地域No.1であること、世間の旬の話題に沿った商品やサービスがあること、他の店と決定的に違うポイントなどです。

　メディアに掲載されると口コミも起きやすくなり、新規来点数の大幅アップが期待できます。

売上を上げるポイント

　少し声を掛ければお客様がやってくる、何も宣伝しなくてもお客様がお客様を呼んでくれる――そんなお店になれば素晴らしいことです。そのためには、「わざわざご来店していただく理由」が必要です。それがなければ来店することはもちろん、紹介する必要もありません。来店や紹介を喚起するためにも、理由づくりに取り組みましょう。

質問4

集客イベントをやりたいが、何をすればいいのかわからない。

小さなお店の店主の相談

　親子3人でイタリアンレストランを営んでいます。経営者仲間の集会で、「イベントで100人の集客があった」という話を耳にし、興味を持ちました。うちでも何かイベントを開催してお客様の増加につなげたいと思っているのですが、これまでイベントを開催したことがないので何をしたらいいのかわかりません。多くの方に来ていただけるようなイベントを開催するために、何をすればいいのか教えてください。

高橋診断士の回答

　企画の立て方の着眼点として、「モノ軸＋コト軸」の2つの軸で考えてみると、色々な企画が浮かびやすいかと思われます。具体的には、食そのものを目玉にする企画ではなく、食＋αのイベントで「生活スタイル」を提案する企画にすると、お客様の興味をひきやすくなります。

たとえば、モノ軸にはイタリア料理に関連する食材やワイン

第 5 章　お店を知らしめる

などの飲み物、各地の料理など物質的な要素を挙げていきます。対してコト軸には、テーブルマナーや料理技術、またイタリア文化を学ぶといった体験的な要素を挙げます。この2軸の組み合わせのバリエーションで、美味しい食事ができて、なおかつ楽しい体験ができるような企画を立てることができます。

　また、コト軸には異分野とのコラボレーションとして、イタリアつながりでファッションや芸術などの文化要素と組み合わせることも考えられます。範囲を広げていけば、色々模索できるでしょう。ただし、お店のコンセプトだけはしっかりと持っておくことが肝要となります。

柳瀬診断士の回答

　まず何のためにイベントを行うのか、その目的を明確にすることが大切です。繰り返し来店していただける固定客を増やすためのイベントであれば、お店の魅力がきっちり伝わる企画が必要です。この場合には、新規顧客の獲得と、最近来られていない休眠顧客の活性化の両面で考える必要があります。

　たとえば、「紹介キャンペーン」を数週間行ってみてはいかがでしょうか？新しいお客様を同伴いただいた場合、少しプレミアムな料理を提供するなどして、お得感を演出します。休眠客を含め、過去に来店した顧客のリストを活用し、告知はチラシではなくDMで行います。バーゲンハンターではなく、より良いサービスに魅力を感じるお客様の発掘に重点を置くのです。

これを繰り返すことで、より良いサービスを求める優良客のリストが増え、固定客の拡大につながります。ただし、これは質の高い商品（料理）やサービスが提供できているお店であることが条件です。イベントも大事ですが、まずは本質的なお店の価値が大切であることを忘れないでください。

中村診断士の回答

　イベントの目的を考えましょう。新規顧客に来てほしいのか、休眠顧客を掘り起こしたいのか、既存顧客の来店頻度を高めたいのか、または常連客をおもてなししたいのか。それにより、イベント内容は異なります。

　新規客には、お店の特長やこだわりを伝えるイベントにします。プチワイン講座、チーズ講座などをフックに来店を促し、看板メニューなど自信作を提供して、店のこだわりをしっかりと説明します。

　常連客には、特別待遇で優越感を感じてもらえるような内容にします。特別メニューを提供し、オーナーがお客様一人ずつに挨拶する、プレゼントを用意するなど、VIP気分たっぷりでいきましょう。

　他にも、休眠顧客にはお店を思い出してもらうとともに、再度お店の良さを認識してもらうような内容が、既存顧客には新たな利用方法の提案や、お店により親近感を持ってもらうような内容などが考えられます。誰をターゲットにするのか、イベント参加後にどのような行動をとってもらいたいのかを考えて

第5章　お店を知らしめる

イベントを設計することで、より効果が高まるでしょう。

売上を上げるポイント

　イベントを行い、一人でも多くのお客様に来ていただきたいところですが、ときに「手段が目的にすり変わっている」お店を見かけます。

　「何のためにイベントを行うのか」、その目的が重要です。これを忘れて、「イベントの集客人数」が目的になってしまうケースも少なくありません。イベントで1,000人集めても、その後の来店がなければ意味はありません。逆に10人しか集まらなくても、そのうち5人が常連客になれば大成功です。目的を見失わず、良いイベントを開催してください。

質問5

お店が大通り沿いになくて目立たない。どうすればいいか？

小さなお店の店主の相談

　地方都市で焼き肉店を4店舗経営しています。地域の牧場と直接取引しており、美味しく安全なお肉がウリで、お客様からも支持されています。今日は4号店の集客について相談させてください。

　4号店は繁華街の中心地に立地し、駅からのアクセスも良いのですが、路地裏にあるため、客数が伸び悩んでいます。幹部たちからは「閉めた方がいいのでは」と言われていますが、個人的に店内のお洒落な雰囲気が好きなので、何とかテコ入れしたいと思っています。ほんの10m歩くと通行量の多い大通りに出るので、何かやり方があると思うのですが…。

平林診断士の回答

　大阪にあるカレー屋さんがあります。駅から数分の場所ですが、路地にあって大通りからお店は見えません。またファサードもおとなしく、一見お店があることに気がつかないほどです。しかし、このお店はとっても目立っています。それはなぜか？毎日必ず

第 5 章　お店を知らしめる

行列ができているからです。質問者様のお店は大通りから10mほどの場所にあるとのことですので、10〜20人も並べば、大通りから十分見ることができ、それだけで目立つことができます。

　こうした行列を作るのに有効なのは、タイムセールの実施や人数・数量限定のお得商品を打ち出すことです。○時から開始とうたえば、その直前には行列ができるでしょうし、併せて人数や数量を限定すれば、もっと多くの人が並ぶことになるでしょう。そうすれば、列を作って並んでいるお客様がお店の看板になってくれるのです。また、行列の最後に「○○店△△キャンペーン最後尾」という看板を持って案内するのも効果的です。スタッフが立っていれば何があるのかを聞いてくるお客様も現れ、お店の情報を提供する絶好のチャンスになります。

中村診断士の回答

　お客様はお店の前を通って初めてお店を知るとは限りません。むしろ、どこか別の場所で広告媒体や口コミなどによってお店を知り、その場所を調べて来店することが多いものです。貴店の場合は、恐らくプロモーションが不足しているのでしょう。媒体に広告を載せてもいいですが、予算をおさえて大通りでチラシを配る、競合しないお店にチラシを置かせてもらう、大通りから入る角のお店の横に看板を置かせてもらう、などの

方法も考えられます。

　また、宴会ができるほどの席数があるのであれば、近くの企業に忘年会や新年会などの営業に行くのも一案です。味や安全性により支持されているお店ですから、一度来ていただければ、その後は個人でリピートいただくことも十分に期待できるでしょう。

> 神戸診断士の回答

　お客様が来店するにあたって、お店の場所がすぐにわかることが重要な要因であるのは確かです。しかしながら、繁華街という立地で多くの競合店がある中で、「目立ち続ける」ことが果たして必要でしょうか？

　一度出店したお店の立地を変えることは難しく、それならば一般的に「悪い立地」である貴店が、「敢えて目立たない」お店という選択肢を採ることも一つです。非常に強いこだわりを持った美味しく安全なお肉を提供されており、既に３店舗出店をされているとのことですので、既存店舗の得意客向けに、貴店のウリやこだわりを徹底的に極めた店づくりを行ってはいかがでしょうか。そうすれば、立地ではなく商品やサービスで他の店と差別化した「探してでも行きたくなるお店」になることも可能でしょう。

　プロモーションの方法としては、既存店のお客様への宣伝、口コミ効果を期待し、他の３店舗の顧客が「行ってみたい」、「誰かを連れて行きたい」というお店づくりを徹底して行うことで、

他の3店舗での来店→繁華街の高級店への来店というストーリーを築き上げます。それにより、貴店の「美味しいお肉を提供する焼肉店」としてのブランド価値をさらに向上させ、「目立たない」お店でもグループ内の位置づけを明確にすることができるでしょう。

売上を上げるポイント

飲食業は立地によって特に大きな影響を受ける産業です。良い立地であれば繁盛し、悪い立地であれば閑古鳥が鳴くのが一般的ですが、ときたま真逆の光景を目にします。

悪い立地は大きなビハインドになりますが、それを跳ね返すお店はたくさんあります。各診断士の回答をヒントに集客方法を見直してみてください。

（第5章担当：冨松　誠）

//
第6章

インターネットを使い倒す

質問1

ITが苦手なのでホームページ制作を業者に任せているが、効果が出ない。

小さなお店の店主の相談

50代の会社経営者です。当社は戦前から収納用の桐箱を製造しており、私は3代目です。創業者の代から技術力には定評があり、宮内庁にご購入いただいたこともあります。しかし、時代とともにごひいきにしていただけるお客様の数も減ってきたため、新しい販売先を開拓しようとホームページを作成しました。私はITが苦手なので業者にすべて任せているのですが、効果が出ません。どうしたらよいでしょうか？

柳瀬診断士の回答

ホームページ制作において制作業者が果たす主な役割は、良いデザインや構造のものを実現することです。一方で制作業者には表現すべきお店の良さがわからないので、どのような情報を掲載するのかは経営者が考えなければなりません。経営者が主体的にかかわらずに制作業者に丸投げしてしまうと、ホームページは十分な効果を発揮しません。

第6章　インターネットを使い倒す

　きっちりと自社の強みの抽出・整理を行った上で、どのような見込み客に対してどのような強みを伝えたいのかを制作業者にしっかり伝えましょう。安いだけの大量生産型の制作業者の場合は、この辺りの対応が疎かになりがちですのでご注意ください。安いには安いなりの理由があるのです。

　制作業者と綿密な打ち合わせを行い、自店の強みをホームページにきっちり表現することで、その強みを求めている見込み客の検索にヒットし、受注に結び付く可能性が高まります。特に、桐箱などニッチな商材こそホームページが効果的な新規顧客開拓ツールになりますので、しっかり取り組んでください。

冨松診断士の回答

　業者に任せる業務を間違えていませんか？よくある話ですが、「ITはよくわからないので丸投げした」とか「業者に言われるままに作った」といった場合、残念ながら効果は期待できません。

　たとえば、カタログやチラシを作る場合、「文章を書くのが苦手」、「イラストなんて描けない」などと言って丸投げしたら良いものはできません。文章の内容やイラストのイメージなど伝えたいことを必ず指定しなければなりませんが、ITも同じことです。

　もしも自慢の桐箱をPRするカタログを作るとしたら、どうされますか？箱づくりにかける思いや、宮内庁にご購入いただいたことを書くのもよいでしょう。カタログを渡す相手も考え

ないといけません。自慢の箱ですから、ただの収納ケースがほしい人ではなく、箱自体にもこだわりを見いだせる人がいいですね。デザインには高級感を持たせましょう。安っぽい通販サイト風では、自慢の箱がかわいそうです。もちろん、写真は渾身の1枚を選びます。

こんなことは業者に丸投げしても考えてくれません。「こういう風にしたいが、技術的なことは任せた」というスタンスで、うまく業者を使いこなしてください。

砂診断士の回答

ホームページは会社にとって優秀な営業担当者となります。ご相談者様なら、その営業担当者にどのような営業をさせたいかを考えてみてください。

優秀な営業担当者であれば、お客様がほしい情報をわかりやすく伝え、親切に悩みを解決します。ホームページも同様で、必要な情報をわかりやすく伝えることができないとお客様も購入に至りません。ホームページを誰に見てほしいのかを考え、その方が知りたい有益な情報に絞って伝えることが大切なのです。

また、同業他社に優秀な営業担当者がいた場合、その担当者から学べることがたくさんあります。ホームページも同様で、同業他社のこれぞと思うホームページがあれば、デザインやコンテンツなどを参考にし、自社ホームページの制作に役立てます。

第6章 インターネットを使い倒す

　以上の点を踏まえて、ラフなスケッチでも構わないので、ホームページをイメージした図や文章を紙に書いてみてください。それをもとに、会社にとって優秀な営業担当者になるよう、ホームページ制作業者に依頼するのです。

売上を上げるポイント

　インターネットを含むIT技術が身近なものになりましたが、相談者のように苦手意識を抱えている方もまだまだ多いと思います。しかし、ITといっても経営上のツールの一つであり、必要なことは他と変わりありません。
　どの回答にも共通することは、IT導入の目的を明確化することです。経営上の施策を立てる際は、必ず目的をはっきりさせているはずです。IT導入も同様に目的を明確化すれば、その目的に沿った効果が発揮できるでしょう。

質問2
何に注力してホームページに掲載したらいいのかわからない。

小さなお店の店主の相談

　私は学習塾を経営しています。大手との差別化を図るために、開始時間の選択制、単一指導料で何科目でも受講可能、1ヵ月無料体験、きめ細かな個人別カリキュラム作成等の独自システムをとっています。ホームページにおいてもこれらの特長を詳しく説明しているつもりですが、閲覧した方にあまり伝わっていないようです。ホームページには料金、他社との違い、入会までの流れ、よくある質問、会社概要等、必要なものはすべて掲載していると思います。ホームページに掲載する内容にも、メリハリが必要なのでしょうか？

神戸診断士の回答

　ホームページはカタログやパンフレットと違い、紙をめくって順番に見てもらうことができません。また、掲載する情報量は無限に増やすことができますが、すべての情報をご覧になっていただくことは難しいです。実際、多くのお客様は「短い時間で必要な情報」

第6章　インターネットを使い倒す

を得たいと思って貴社のホームページにアクセスされているはずです。

　たとえば、新規で入塾を検討されているお客様に対して貴社のウリやこだわりを説明するとき、どのように情報をお伝えしますか？一番知っていただきたいこと、順番立てて説明しなければいけないこと、他社との違いやお客様がお悩みになっていることなど、多くあると思います。このように「実際に接客してお伝えする」場合に最適な順番をフローチャートにして、その順番にページを設計してみてはどうでしょうか。

　塾の生徒さん向けについても同様です。あくまで顧客視点で「何の情報を」、「どういった順番で」知りたいか、ということに注力してページを設計することで、「見やすく」、「わかりやすい」ホームページを作ることができるでしょう。

　ITは、利用することで多くの情報をリアルタイムに掲載することができますが、万能ではありません。お客様に情報を伝える「道具」の一つとして考えましょう。

冨松診断士の回答

　閲覧する方の多くは学生と保護者だと思いますが、それぞれが注目する情報は異なります。ホームページを開いて立ち去るまでの時間は10秒と言われていますので、どこに何があるのかを探さなければいけない状態では読んでもらえません。

　もし実際に学生が目の前にいた場合、どう

いう説明をするでしょうか。特長の説明、カリキュラム作成の仕方、志望校に対する合格実績や先輩のカリキュラム例などもいいですね。料金や入会の流れなどは、資料を渡して保護者と検討すべきでしょう。逆に相手が保護者の場合は、料金や会社概要等が重要になってきます。カリキュラム作成の説明は特長だけでよいでしょう。

　この流れをホームページ上で展開する必要があります。ホームページを開いたときに、「学生のみなさん」や「保護者の方へ」などのリンクがあれば、すぐに必要な情報にたどりつくことができます。その後の流れは、先ほど挙げた例のように、普段説明されている順番でよいでしょう。ただ闇雲に情報を提示するのではなく、閲覧するお客様を想定し、情報を並べることが重要です。

佐々木診断士の回答

　ホームページに必要と思われる内容をすべて掲載されているとのことですが、閲覧した方にあまり伝わっていないと思われる理由は何でしょうか？もし根拠なく何となくそのように感じられているなら、有効な対策を取ることは非常に難しいと言えます。まずは、どの程度閲覧されているかを把握することから始めてはいかがですか？今は無料で高性能なアクセスログ解析ツールがあります。アクセスログ解析を通じて、どのページの閲覧が多く、どのページが少ないかを把握しましょう。

閲覧の多いページは人気があり、ニーズがあるということなので、さらに充実させていきましょう。逆に人気薄のページはその理由を考えてみましょう。曜日や時間別に閲覧数を見ていくと、たとえば平日昼間の閲覧数が多ければ主婦層が多いなど、閲覧者も想定できます。それら閲覧者が求めている内容を充実させることで、より伝わるホームページになるはずです。なお、アクセスログ以外に、ホームページ上でのアンケートや、塾生とその保護者へのヒアリングを行うことも、対策を講じるための情報として非常に有効です。

売上を上げるポイント

IT導入に慣れてくると色々なことを実現したくなるものです。その結果、詰め込みすぎのホームページが出来上がってしまうというのはよくあることです。

ホームページの掲載内容を整理する際、商店等の売場をイメージするとうまくいきます。また情報の整理だけでなく、ホームページの閲覧状況の検証も必ず行うようにしましょう。

質問3
ホームページの訪問者が少ない。

小さなお店の店主の相談

中国出身の知人とともに語学学校を経営しています。知人は中国の地元で観光ガイドをしていたので、外国人との接し方がうまく、教え方もわかりやすいと評判です。講師はこの知人を含めて3人です。当校はまだ規模が小さく、広告等にかける予算もないので、ホームページで集客したいと考えているのですが、アクセス数が思ったように伸びません。当校の良さをアピールしているつもりなのですが、工夫が足りないのでしょうか。

佐々木診断士の回答

ホームページ自体へのアクセスがないと、当然ながらせっかくのホームページも集客力を発揮できません。忘れられがちですが、ホームページは作っただけでは誰もその存在を知りません。必ず「何か」でホームページの存在を知って、興味を持ち、調べてホームページにアクセスします。この「何か」が何なのかを把握し、そこをテコ入れする必要があります。

「何か」には、チラシ、教育関連の情報誌、検索エンジンに

第6章　インターネットを使い倒す

よる検索、ソーシャルメディア、井戸端会議など色々あります。すべてに手を打てればいいのですが、限られた予算で対応するには、まず今のお客様が何からホームページにアクセスしているかを知ることが重要です。アクセスログ解析ソフトや、お客様・見込み客へのアンケートにより、何を見てホームページにアクセスしたのかがわかります。アクセス手段を把握したら、ホームページを訪問してもらうのに最も効率的な部分を重点的にテコ入れします。なお、訪問者を最初に迎えるトップページを最適な内容にすることもとても大事です。

柳瀬診断士の回答

インターネット上での集客の王道は、SEO（検索エンジン最適化）とリスティング広告で、これらを上手に活用することをお勧めします。

SEOは、自サイトが見込み客の検索結果の上位に表示されるように工夫するものです。様々なノウハウがありますが、SEOにあまり時間やお金をかけることはお勧めできません。SEOに関しては、サイトに自社の強み（お客様に評価されている点など）を文字でしっかり記述し、地域密着型ビジネスの場合には地名を文字でしっかり記述するなど、基本情報はもれなく記載し、コンテンツの充実に努め、長期戦で取り組んでください。

一方のリスティング広告は、Yahoo! JapanやGoogleの検索結果ページに広告を表示させる仕組みです。狙ったキーワード

で検索された場合に広告が表示され、クリックされた場合のみ広告料が発生します。最適な広告ができれば効果的な運用が可能になり、お店などの小規模事業者にとっては強力な武器になります。長期戦略でSEO、短期戦略でリスティング広告に取り組むことをお勧めします。

> **砂診断士の回答**
>
> 社長はホームページのアクセス数を重視しておられるようですが、より大切なことは成約につなげることです。集客の目的は自社の売上の向上にあるので、たとえ閲覧回数が少なくても、購買意欲の高いお客様に見てもらって成約できればよいのです。
>
> そのためには、SEO対策などで見込み客を集客するだけでなく、お客様に自社ホームページのコンテンツを閲覧していただけるような工夫をしなければなりません。
>
> たとえば、お客様の声を載せると、お客様は一生懸命それを読みます。実際に利用した人の意見や感想を読めば、サービス品質への不安が払拭できるからです。また社長や講師の顔写真入りプロフィールを掲載すれば、貴社の責任感やリアルな雰囲気が伝わります。さらに、よくある質問、料金体系、利用手順などのページを設けておけば、お客様は親切な会社だと感じてくれるでしょう。
>
> このように、ホームページの制作にあたってはお客様が安心して取引できるような仕組みを作り、成約数を増やすことが大

切ということを忘れないようにしましょう。

> **売上を上げるポイント**
>
> せっかく素晴らしいホームページを作っても、誰にも見てもらえなければ意味がありません。
>
> アクセス数を増やす方法は色々ありますが、それが購買や契約、来店につながることが重要です。アクセスの「数」だけでなく、「質」を高めることも忘れないでください。

質問4

ホームページやFacebook、ブログなどの使い分けを知りたい。

小さなお店の店主の相談

　40代の飲食店経営者です。都心からやや離れた駅前で、地ビールをウリにしたレストランバーを経営しています。私は以前、食品関係の商社に勤めていた関係で、各産地にネットワークを持っており、当店でしか味わえない珍しい地ビールを取り揃えています。そのおかげもあって、遠距離からのお客様にも来ていただけるようになりました。そこで、現在来ていただいているお客様を維持し、さらに新しいお客様を呼ぶために、インターネットの活用を考えています。ホームページやFacebook、ブログなど様々な媒体がありますが、どのように使い分ければよいでしょうか。

砂診断士の回答

　ポイントはそれぞれの役割を明確化することです。たとえば、お客様がご相談者様のお店を利用するプロセスは、お店の存在を「認知」し、他のレストランバーとの違いを理解して「興味」を持ち、どのようなお店かをインターネットで「検索」し、実際に来店する

第6章 インターネットを使い倒す

という「行動」をし、満足すれば知り合いとお店の情報を「シェア」すると考えられます。この場合、ホームページやブログは「検索」に、TwitterやFacebookは「シェア」にあたると言えます。

見込み客は、お店のホームページとブログを「検索」によって確認してから来店に至るのですから、ここではレストランバーの魅力的な情報を発信する必要があります。

他方で、TwitterやFacebookはお客様とのコミュニケーションツールと位置づけます。たとえば、新メニューを紹介したりイベントを立ち上げたりすることで、お客様との関係性を深めることができ、口コミにより知り合いとの「シェア」に至るのです。

このように、お客様が購買に至るプロセスを考え、それぞれのツールの役割を明確化して、インターネットの効用を最大化させるように心がけてください。

佐々木診断士の回答

同じインターネットでも、メディアの性質は大きく3つに分けられます。この3つをうまく使い分け、組み合わせる必要があります。

1つめが「自社メディア」で、主にホームページが該当します。唯一、自社で100％コントロールできるメディアなので、ここで自店の魅力を十分に伝えることが重要です。2つめが「広告メ

ディア」で、お金を払ってインターネット上に広告を出します。予算に応じてうまく使えば、効果的にホームページの訪問者を増やすことができます。3つめがFacebookなどの「ソーシャルメディア」です。お客様同士でお店の感想などを情報発信したり、またレストランバーのページを作って、そこを起点にお客様と交流したりすることもできます。ソーシャルメディアとホームページは相互連携も可能です。

　まずは「自社メディア」であるホームページをきっちり作った上で、ホームページのアクセス数を増やすなら広告メディア、お客様との関係強化を図るならソーシャルメディアを活用すると有効です。

柳瀬診断士の回答

　まずは、目的を明確にしたWEBマーケティング戦略を構築することが大切です。今回は新規顧客の開拓が目的なので、この実現に最適な形でホームページやFacebookなどを連携させるシステム（仕組み）を作ることをお勧めします。

　具体的には、検索エンジン（Yahoo!、Googleなど）やSNS（Facebook、Twitterなど）で地域を絞った有料広告を出し、検索エンジン経由でのホームページへのアクセスと、SNSの口コミ効果を狙います。ただし、事前に新規顧客獲得コストを設定し、むやみに広告費が増えないよう、テストと修正を繰り返すことが大切です。

第6章 インターネットを使い倒す

　新規顧客獲得後は、SNSやメルマガを上手に活用して継続的な情報の受発信を行い、お客様とのつながりの維持・強化に努め、商品購入の際に真っ先に自店を思い浮かべていただけるようにします。WEBを通じてお客様とのつながりを維持する工夫が大切になりますので、飽きのこないコンテンツを作ることも重要です。

売上を上げるポイント

　ITの世界は日進月歩、次々に新しいものが現れて、どれを使ったらよいのか迷われることも多いと思います。

　繰り返しになりますが、目的の明確化が最も重要です。自社の経営課題を明らかにして、その経営課題の達成に最適なメディアを選択してください。

質問5

通信販売をしていなくてもホームページは必要か？

小さなお店の店主の相談

郊外の住宅地でカフェを経営しています。オープン以来、徐々にですが固定客もついて経営も安定してきました。最近、お客様にお店のホームページがあるか聞かれることが多くなりました。当店は通信販売を行っていませんし、お客様も近隣の住宅地の方ばかりなので必要ないと思うのですが、それでもホームページを持つべきでしょうか。

橋木診断士の回答

カフェを経営するあなたの店には、店頭の看板、イーゼル、チラシ等が設置されているはずです。実店舗では、お店に関心を持ってもらう、また雰囲気を理解してもらうために店頭や店内プロモーションを行っていますが、インターネットの世界では必要ないのでしょうか。昨今は、スマートフォンやSNSが普及し、いつでもどこでも個人が情報収集・発信できる時代です。友達から「あの店はとてもいいよ」という話を聞くと、すぐにスマートフォンであなたのお店を検索し、どんな店かを

第6章　インターネットを使い倒す

チェックします。このように、ターゲットとするお客様がスマートフォンを利用する年代であれば、ホームページという看板の重要性は理解できると思います。もちろん、通信販売をしていなくとも、あなたの店の雰囲気やウリをしっかりホームページで情報発信していってください。もし、ホームページ作成にあたり、スキルや時間に不安を感じる場合は、容易に作成・情報発信できるブログやFacebookでお店の情報を紹介するのも一考です。

　ホームページは、あなたが働いている間も寝ている間も、お店の良さを雄弁に語る営業マンであり、新規顧客の増加に貢献するのは間違いありません。

柳瀬診断士の回答

　スマートフォンの普及により、飲食店のホームページでは新規顧客獲得効果が高まっています。通信販売とは無縁なカフェやクリーニング店などの地域密着型サービスでも、ホームページは必須アイテムです。ホームページは看板のようなものなので、必ず開設しましょう。

　質感が高く、その店の提供価値（お店の雰囲気、メニュー、こだわりなど）をしっかり掲載したホームページにしてください。デザインやシステムはプロに依頼するのが無難です。CMS（コンテンツマネジメントシステム）を導入すれば、ホームページを自分で更新することができ、ランニングコストがおさえら

れます。ページにはすべて住所を記載し、地域キーワード検索に引っかかるようにしましょう。適切なキーワードを記載することで、特定の条件に合ったお店を探す新規顧客の開拓が可能になります。新しいカフェを探しているお客様をホームページが連れてきてくれるのです。加えて、ホームページがあればFacebookなどのSNSの口コミ効果も期待できますので、ぜひ作成に取り組んでください。

冨松診断士の回答

　結論から申し上げますと、持つべきではないと思います。ホームページもタダでは作れません。作成費用や費やす時間、維持・更新まで含めると大変な労力です。幸い、お店には固定客も付き、近隣住宅地の方から一定の支持を得ているようです。今は、固定客や近隣住民の方との関係の維持向上に時間を費やす方がよいと思います。ITが叫ばれている世の中ですが、アナログ的な販促もまだまだ捨てたものではありません。ITをやめて、余った時間でチラシ配りをしたらお客様増につながった、というお話も少なくありません。

　気になるのは、お客様が「お店のホームページがあるか」と聞かれた理由です。なぜそう思われたのか聞いてみてはいかがでしょうか。友人に紹介したいのかもしれません。定期的にメニュー等の情報を収集したいのかもしれません。このようにお客様が「ホームページが欲しい」理由がたくさん集まれば、ホー

ムページを検討すべきでしょう。

ホームページを無理に持つ必要はありません。持つべき理由ができたときに持つべきです。

売上を上げるポイント

スマートフォンやタブレットの普及により、従来はPC中心だったインターネットへのアクセスが大きく広がりを見せています。このような状況でホームページを持たないのは、顧客獲得において損失と思われます。

しかし、お金や時間などの経営資源は決して無限ではありません。自社の現在の経営課題に優先順位をつけ、限られた経営資源をホームページ作成に費やすべきかどうか判断してください。

（第6章担当：西谷　雅之）

第7章
お客様の心を
わしづかみにする

質問1

近くに価格の安いチェーン店ができた。お客様が流れるのを防ぐには？

小さなお店の店主の相談

　家族で小さな薬局を経営しています。私の店の近くに価格の安い大手チェーン店が開店しました。今まで当店では売れ筋だった有名メーカー品が、こちらより10％ほど安く売られています。チェーン店なので集客力もあり、若いアルバイトを雇って賑やかに店頭を演出しているので、たくさんのお客様が来店されています。価格で勝負するにも、すべての商品で対抗して値下げすることは不可能です。当店には昔からのなじみのお客様が多く、健康の相談をじっくりお聞きした上でお買い求めいただいています。チェーン店と自店とでは客層が少し違うのかなとも思いますが、お客様を奪われそうで戦々恐々としています。

神戸診断士の回答

　同じ商品を同じ価格で提供しているならば、お客様は少しでも安くて便利なお店をお選びになるはずです。「価格」を全面に出して他の店と競争するのであれば、値下げするしかなく、無意味な消耗戦になるでしょう。

第7章 お客様の心をわしづかみにする

しかし、お店の競争力とは本当に「価格」だけなのでしょうか？貴店には「価格」以外の要因として、お客様にお選びいただくための「競争力」を高めることが必要です。

もしチェーン店が同じ商品を「10%安く売っている」ことでお客様が流れるのであれば、「10%高くても同じ商品をご購入いただける」ために、サービス面の充実を図ることが必要です。お客様はお店の商品そのものや価格だけでなく、提供の仕方やアフターサービスまで併せてお選びになっています。長年営業されているのであれば、地域のお客様が必要な商品を的確に提案できる商品知識をお持ちになり、お客様との信頼関係も構築されているはずです。

競合店の出店を良い機会と捉え、「お店全体のサービス」を見直して知っていただき、貴店が「お客様にとってなくてはならない店」になるような取り組みをしていくことをお勧めします。

吉本診断士の回答

サービスを充実させる目的は、顧客との"信頼関係"を築くことです。これができれば、お客様は価格以外の理由で、あなたのお店を選んでくれるようになります。

この"信頼関係"を構築する要素は、"信頼関係"＝"顧客の課題を解決する力"ד ホスピタリティの充実"です。

"顧客の課題を解決する力"について言えば、お客様の来店目的は薬の購入ではなく、症状を改善することです。これに応えるためには、お客様の症状に合わせた適切な処方ができる商品知識や、体質などに応じて漢方などもお勧めできる提案力が不可欠で、その"専門性"を高めることが必要になります。

　"ホスピタリティの充実"については、来店したお客様が両手に荷物を持っていればお預かりするなど、個々のお客様に気持ち良く店内を見ていただくための気配りや、入りやすく居心地の良い店舗レイアウトといった"心からのおもてなし"精神が必要です。

　このような信頼関係の構築には時間がかかりますが、他店には真似しにくい独自の強みとなり、これによって築いた顧客との信頼関係は、より強固なものになります。その結果、たとえ安いチェーン店が出店したとしても、お客様との長期的な関係を維持でき、既存顧客の来店頻度の向上が期待できます。

戎診断士の回答

　小さな薬局が大手チェーンに価格勝負を挑むのは、資金力や仕入力の差を考えるとあまり得策とは言えません。そこで、価格以外のサービス等を徹底的に磨いて差別化を図っていくことが定石として考えられます。

　ただし、現在の売れ筋は有名メーカー品ということなので、実際には競合と同じ商品を扱うことも多く、価格で購買を判断されるケースも多くなると

第7章 お客様の心をわしづかみにする

思います。段階的にサービス力を磨いて独自商品を増やしていくとしても、それまでの間は価格対抗策を考えないといけません。

この場合、全品一律の価格勝負ではなく、戦略的に商品ごとの利益率に高低をつけ、単品では損を出したとしても、ついで買いを誘発し、全体として一定の利益率を確保する粗利ミックスの考え方をとることが必要です。

また有名メーカー中心の品揃えから、より顧客ニーズを反映した品揃えに絞り込む検討も必要です。今ある顧客とのコミュニケーションを活用すれば、顧客の求めるものをつかむことは比較的容易なのではないでしょうか。そこから見えてきたもの、たとえば健康志向の高級品や高齢者向け商品といった分野に絞り込むことによって、低価格化競争を回避することができるでしょう。

売上を上げるポイント

価格だけで勝負すると、大型店には絶対に勝てません。小さなお店だからできる「サービス」、「専門性」、「ホスピタリティ（おもてなし）」を武器に差別化を図ることが大切です。ただし、一部商品の特売で来店客を増やすことはできます。その際には、お店全体として利益が出るようにご注意ください。

質問2

どうすればスタッフのチームワークが良くなり、明るいお店になる？

小さなお店の店主の相談

　スタッフ10名のヘアサロンを経営しています。スタッフ同士の仲が良くなくて困っています。派閥があるわけでもなく、表面的にケンカこそしませんが、何となくギスギスした感じでお店の雰囲気が暗くなっています。どうも仕事とプライベートを明確に分けているようで、メンバー間の個人的な人間関係が希薄なようです。ただ仕事にはとても真面目に取り組んでいて、向上心もあり、私の指導にもとても素直に従います。みんな大人なので説教して良くなるものでもなく、優秀なメンバーなので事を荒立てて誰かが欠けても困ります。経営者としては、どうすればよいでしょうか。

柳瀬診断士の回答

　まず経営者として描いている店のミッションを、スタッフ全員で共有することが大切です。スタッフが単に給料をもらうために働くのではなく、店の一員として自分たちのミッションを共有し、達成するために働くことを意識することで、モチベーション

第7章 お客様の心をわしづかみにする

アップとメンバーのベクトル合わせが可能になります。

これは単に朝礼などで経営者が語ればよいということではなく、経営者からスタッフまで全員の行動がすべてミッションに沿った内容になっていることが大切です。日々のミーティングを通じて、ミッションに沿った仕事ができているか、もっと良くなるにはどうすればいいかを、スタッフが真剣に考えて助言し合うことで相互信頼関係は高まっていきます。

このように組織としてのミッションを明確にし、全員で取り組むことに合意すれば、チームワークは高まり、互いを尊重して協力し合う姿勢が生まれます。単に仲が良いだけのグループではなく、プロフェッショナルとして真剣に仕事に取り組むチームへと進化し、お店にも明るい空気が生まれます。

冨松診断士の回答

一度業務から離れて、簡単なワークを通じたチームビルディングを行ってみるのがよいでしょう。スタッフの皆さんは、既に仕事に対して一家言をお持ちだと思いますので、仕事をテーマにチームビルディングを図っても、今の状況ではうまくいかないでしょう。

今回はワークの例として「ペーパータワー」を紹介します。「ペーパータワー」のルールはシンプルで、「道具等を使わずに、20枚程度のA4用紙を使用して、どれだけ高

いタワーを作れるか」というものです。5人くらいでチームを作り、高さを競わせると盛り上がります。まずは15分の作戦タイムがあり、A4用紙を1枚だけ使うことが許されます。その後に5分でタワーを作成し、結果発表、振り返りを行います。時間があれば、振り返りを踏まえて再度、作戦タイムと作成を行ってもよいでしょう。

　簡単なワークですが、これを通じて「イメージ共有の必要性」、「役割分担の大切さ」、「相談の重要性」など、様々な気づきがあります。こういったワークは他にも色々ありますので、一度試してみてはいかがでしょうか。

神戸診断士の回答

　確かにスタッフ同士の仲が良いお店はチームワークも良く、雰囲気がいいお店であることが多いでしょう。しかしながら、お客様に専門サービスを提供する「プロフェッショナルの集団」として、「スタッフ同士の仲が良い」ことは必要十分な条件でしょうか？

　本当のプロフェッショナルのスタッフであれば、個人的な感情や人間関係を表出化させてお店のサービスを低下させるようなことはしないはずです。

　お店を一歩外に出た後はむしろどうでもよく、店内においては個人的な感情や人間関係を抜きにして、お客様の目から見て「最高のチームワーク」でサービスが提供されていることが重要なはずです。お店の仕事はプライベートの延長線上にあるわ

第7章　お客様の心をわしづかみにする

けではなく、お店に入ったらサービススタッフとしての役割を「演じる」ことが必要であり、そこにはスタッフ同士の私情を挟む余地は存在しません。たとえば、ディズニーランドのスタッフが「キャスト」と呼ばれているのは、そこで「楽しい空間をお客様に提供する役割」を「演じている」からです。

スタッフを教育することで「仲良くやろう」という仕向け方をするよりは、顧客に対するプロフェッショナルとして、「良い雰囲気」のお店づくりを行うことを義務付けることの方が簡単ではないでしょうか。そうすることによって、単なる仲良しグループの接客ではなく、「本物のプロフェッショナル集団」となるはずです。

副次的効果として、チームワーク良く行うことを「演じる」ことで、自然とそれが当たり前になり、プライベートでの人間関係を向上させる可能性もありますが、あくまでもお店の経営とは離して考えてみてはいかがでしょうか。

売上を上げるポイント

三者三様の回答になっていますが、どれがベストな選択かはスタッフの仕事に対する意識や姿勢、店主のリーダーとしての力量（リーダーシップ）によって異なります。まずは店主としてお店をどのようにしたいか、そのビジョンをスタッフと共有して、しっかりとリーダーシップを発揮することが大切です。

質問3

お客様にベストな接客をしたいが、会話が盛り上がらない。

小さなお店の店主の相談

　婦人服のブティックを経営しています。お客様に似合う最適なコーディネートを、押し付けでなく、さりげなく提案したいと考えています。しかし、接客を通じてお客様のライフスタイルや好みを聞き出そうと試みても、会話が盛り上がらず、気まずい雰囲気になってしまいます。お客様との会話が続かないため、提案がいつもズレているようで、怪訝な顔をされることもあります。

　お客様にベストな提案をするために、どうすれば必要な情報を引き出すことができますか。自分は、友人からは話がおもしろいとよく言われているので、決して話下手ではないと思います。

高橋診断士の回答

　ご友人の間でお話し上手とのことですが、それがかえって接客の場面では邪魔をしているのかもしれません。というのも、お客様の情報を引き出したい接客時には、「聞き上手」がとても重要な要素になってくるからです。

第 7 章　お客様の心をわしづかみにする

「聞き上手」になるためには「質問力」が重要です。新しいお客様の場合は特に、こちらに与えられている情報も限られているため、なかなか的を射た質問が難しいものです。そんな時にお勧めしたいのが、「３Ｋポイント」です。お客様の「恰好」、「気分」、「興味」、この３点に絞って少し観察し、話したそうに思えるポイントから質問をしていきます。「恰好」は、たとえば今日の服装のこだわり、「興味」は「今日はバッグをよく見ていらっしゃるな」というようなことです。

質問をしてみると、お客様が反応されるポイントが出てきますので、お勧めは後にして、しっかりお話をしていきましょう。話しているうちにこちらにも、そしてお客様ご自身にもニーズが見えてくるはずです。

砂診断士の回答

店主は話が盛り上がらない、沈黙が続くということを恐れていませんか？しかしながらブティックのような衣料品店の場合は、購入目的を持って来店するお客様よりも衝動買いのお客様の方が一般的に多いわけですから、お客様が商品を前にして悩むのは当然と言えます。そのような何となく立ち寄ったお客様に対し、商品について詳細に説明したり無理にお客様の情報を聞き出したりすることは、お客様を窮屈な気持ちにさせて逆効果になる可能性があります。

特に初対面のお客様に対しては、そのペースに合わせて傾聴しなければ、安心・納得させることはできません。大切なのはお客様に共感し、一緒に迷ってあげることです。沈黙というのは意外に短いもので、時間にして30秒程度です。その間、お客様はたくさんのことを考えます。商品を前に悩むことは、お客様が今まで気づかなかったことに気づくチャンスでもあります。

　お客様に迷う時間を与えることによって、お客様の潜在的なニーズを引き出すことができます。商品の提案をする前に、お客様に対して話したいように話す機会を作られてみてはいかがでしょうか？

冨松診断士の回答

　必ずしもお客様と会話をすることがよいとは限りません。接客をうっとうしく思うお客様も少なくありません。中にははっきりと、「あそこの店は店員が話しかけてこないから」という理由で来店する方もいらっしゃいます。

　お客様と距離を置くべきときに距離を置くことも必要です。もしかすると会話が盛り上がらないのは、「話しかけないでよ～」というお客様からのサインかもしれません。必要な情報を引き出そうとして尋問のようになっていませんか？

　一方でお客様はワガママです。「話しかけてほしいときに、

話しかけて」と考えています。大事なのはその見極めをすることです。来店されたお客様には、まず挨拶です。そこから会話が続くかは、お客様のお心次第。会話が続く気配がなければ、すぐに引き下がりましょう。あとは店内を見渡しながら、「話しかけて」サインを出しているお客様を見逃さないことです。イマイチなお店は、お客様が話しかけてほしそうに店員さんを探してキョロキョロしていても、放ったらかしです。そのようなお店にならないように注意しましょう。

売上を上げるポイント

接客業だからといって、いつもお客様に積極的に話しかけなければいけないわけではありません。お客様に快適にお店の商品やサービスをご利用いただくのが仕事です。そのためにはお客様の気持ちを考え、いつでも話しかけていただけるような距離感やきっかけを作ることが大切です。もちろん、笑顔は絶やさずに。

質問4
お客様のクレームにどう対応すればいい？

小さなお店の店主の相談

駅前の商店街で、スタッフ3人と賃貸中心の小さな不動産会社を経営しています。誠実をモットーに、お客様に最適な物件をご紹介することに一生懸命取り組んでいます。ある日、スタッフのちょっとした手違いでお客様に余分な手間を取らせてしまい、お客様が大変ご立腹されました。当方の非を認め、ひたすら謝っていますが、一向にお許しいただけません。クレームをおっしゃるお客様をお店の熱烈なファンにする方がいるといった話を聞きますが、本当にそのようなことが可能なのでしょうか。私にはこの方のお怒りを鎮めるのも困難です。上手なクレームの対処方法をぜひ教えてください。

中村診断士の回答

苦情をおっしゃるお客様は、購入した商品が不良品だった、サービスが思った内容と異なったということで、悲しい、つらい、という心の痛みを持ってお店にやってきます。ですから、まずはその痛みを解消することが先決です。

第7章 お客様の心をわしづかみにする

　そのためには「お客様の話をしっかりと存分に聞く」ことです。途中で遮ったり、言い訳をしたりしては絶対にいけません。「ひたすら謝っているのに許してくれない」というのは、お客様のお話の途中で口を挟んでしまったのではないでしょうか？真摯な態度で耳を傾け、また相手の目を見て最後まで話を聞いてください。話しているうちに多くの方は気分が落ち着いてきます。存分に話し終えられた後も、しばらくこちらからは何も言わずにお客様の言葉を待ちましょう。それでも何もおっしゃらなければ、「どうさせていただきましょうか」とソフトに問いかけてください。返品したい、代替えが欲しいなどと要望をおっしゃれば、できる限り対応してください。

　お客様の話をしっかり聞く姿勢を持つことで、大方のクレームは収束し、その後は上顧客になってくれるケースも出てくることでしょう。

砂診断士の回答

　クレーム処理が大切である教訓としてジョン・グッドマンの法則があります。①悪い評価はいい評価より2倍伝播する可能性が高い、②企業がクレームに迅速に対応した場合は再購入率が82％である、ということです。クレーム客に適切に対応することは、企業にとって重要なことです。さらに前向きに対応することで、お客様の愛顧を高めることができると言えます。

＜ジョン・グッドマンの法則＞

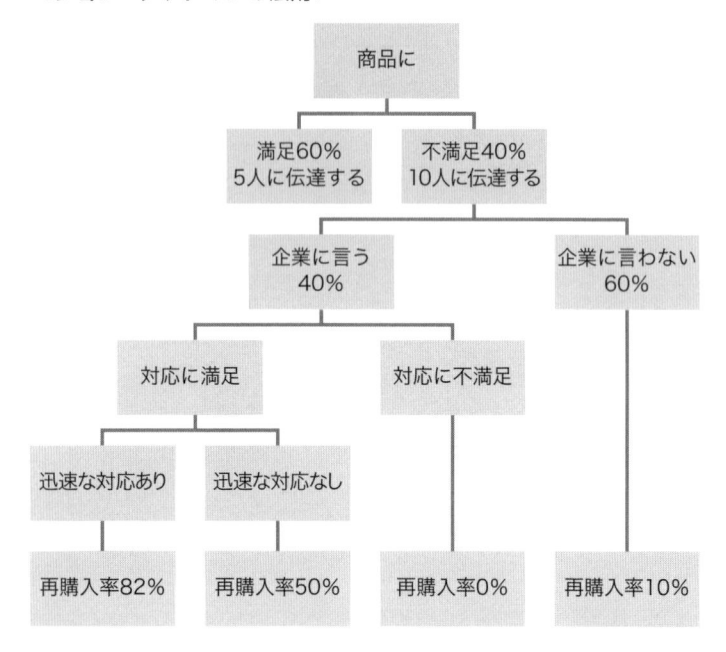

```
                    商品に
                   /      \
         満足60%          不満足40%
         5人に伝達する     10人に伝達する
                          /          \
                   企業に言う       企業に言わない
                    40%              60%
                   /      \
            対応に満足   対応に不満足
            /      \
     迅速な対応あり  迅速な対応なし
     再購入率82%    再購入率50%    再購入率0%    再購入率10%
```

高橋診断士の回答

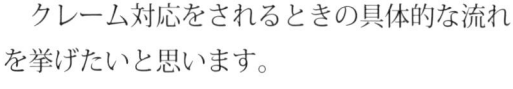

　クレーム対応をされるときの具体的な流れを挙げたいと思います。

①初動対応として、まず「受ける」。お客様の言い分がしっかりわかるまで遮らず、お話しいただく。「いやだな、面倒だな」という気持ちは必ず伝わるため、最後までお付き合いする姿勢を前面に出す⇒誠実な態度が伝われば、お客様も冷静になる。

第7章 お客様の心をわしづかみにする

②言い分の的確な把握。「いつ、どこで、誰が、どのように」など途中で確認を入れながら、齟齬や二度聞きなどがないように⇒二次クレームの発生防止につながる。メモを取る行為も、きちんと聞いているというアピールになる(ただし、許可を得てから)。

③事の経緯を確認し、問題点があったのであれば責任を認めて真摯にお詫びをする。ポイントは「自責の気持ち」。お客様の状況や気持ちを気遣い、まずは手間をかけたという意味でお詫びする。

④解決策を提示する。そのお客様に対しての個別対応＋今後の全社的な対応という視点で改善の姿勢を見せる。

⑤必要以上に過剰な対応をしない。お客様は正しいという姿勢を大前提に、不手際にはしかるべき謝罪と対応をする。しかし、度を過ぎた要求などには毅然として対応しない。

売上を上げるポイント

クレーム対応ではお客様の「心の痛み」を解消することが重要で、そのためにはまず徹底的にお客様の話を聞くことが大切です。適切なクレーム対応に"感動"したお客様は、お店のファンになる可能性が高くなります。クレームをチャンスと捉え、怖がらず面倒がらずに誠意を持って対応しましょう。

質問5

1、2度来てくれた「固定客の見込み客」を、確実に3度目の来店に結び付けるにはどうすればいいか？

小さなお店の店主の相談

住宅地でパン屋を経営しています。フランスでパンづくりを学び、最近初めて自分のお店を持ちました。1度食べていただければ、きっと病みつきになる自慢のパンがいくつかあります。開店時にはセールを行い、たくさんの方にお越しいただくことができました。その際にしっかり接客をしたので、多くの方に2度目の来店をいただくことができましたが、その後がうまく続いていないように感じています。固定客にするには3度目の来店を促進することが大切だと言われますが、どうすればいいのかわかりません。ポイントカードや割引券でなく、お客様に3度目の来店をいただき、固定客になっていただく方法があれば教えてください。

中村診断士の回答

お客様に継続して来店していただくには、プロモーションを仕掛けることが有効です。貴店はパン屋さんですので、新商品の発売、

第7章 お客様の心をわしづかみにする

フェアの実施、食べ方の提案など、来るたびに新たな楽しみを提供するプロモーションと相性が良いでしょう。リピート率が増えるだけでなく、購入点数のアップにもつながります。ポイントは、その予告を前回来店の際にしておくことです。予告しているからこそ、足を運んでくれるのです。客単価が高い業種であればDMなどによる告知でもいいのですが、パン屋さんではコストが高くつきすぎます。あらかじめ数ヵ月単位でのプロモーション計画を立てておきましょう。

また、複数回お越しのお客様には、特別な対応を心がけてください。名前でお呼びする、プライベートな話をしてみる、商品についてアドバイスを求める、店長が挨拶に行くなど、私はこのお店にとって特別な顧客なのね、とお客様に思っていただければ成功です。固定客として頻繁に足を運んでくださるようになるだけでなく、口コミでお客様を紹介してくれることでしょう。

神戸診断士の回答

初めての来店から、来店が固定化するまでのストーリーづくりをされているでしょうか。セールで初めて来店されるお客様は「価格」が主な目的であるため、少しでもお得な商品を探して購入し、帰って行かれます。しかし2度目に来店されたお客様は、前回購入した貴店の商品を気に入り、「また購入して

みたい」と思って来店されているはずです。そこで、この2度目の来店の際にお客様の心をつかみ、来店を習慣づけるような仕組みを作ることが必要になります。

　セールの後、2度目の来店の可能性の高い時期に、貴店のウリやこだわりを最大限に活かした「日常的に購入する商品」を知っていただくように、陳列を工夫したり、お勧めしたりしてはいかがでしょうか。また、「試しに」購入してみようというお客様もまだいらっしゃるかもしれないので、試食していただく、小分けにして販売するなど、消費しやすく買いやすい量や価格を設定するのもいいでしょう。

　おっしゃるとおり、一般的に一定期間内に3回程度の来店をいただくと、お客様の来店習慣を作ることができます。そのためには、1度目から2度目、3度目と来店されるお客様にとって新たな発見があるように、またパン屋さんの商品の特性から「日常的に購入する商品」がお気に入りになるように商品戦略を行うことで、お客様の心をつかみ、継続的な来店に結び付けることができるでしょう。

高橋診断士の回答

　2度もご来店いただいてご購入されているので、お客様はあなたのお店にかなり興味があるということです。他方で、この時点は気が済んで足が遠のくか、気に入って通い始めるかの分岐点でもあります。

　今一歩お客様に踏み込んでいただくには、

第7章 お客様の心をわしづかみにする

「ここはあなたのお店です」としっかりアピールする必要があります。1度目、2度目のご来店でつかんだお客様個々の情報に対して、「わかっていますよ」というなんらかのアクションを起こすのです。

たとえば、2度ともハード系のパンを購入されたお客様には、新作のハード系パンのアナウンスをする、また一人暮らしだから6枚切り食パンでは多いというお客様には、少量パックを作ったことをお伝えする、といったことです。

お客様個々の事情に対応して「特別感」を演出することで、「私に合わせてくれて使い勝手がいい」というような、お客様にとっての「特別なお店」になっていくことでしょう。

売上を上げるポイント

「ここは私の行きつけのお店」と思ってもらうために、来店のステップのストーリーを考えましょう。初めての来店時に必ず再来店してもらえる仕掛けを工夫し、最終的に日常使いの商品を継続的に購入いただくことを目指します。接客においては、名前をお呼びするなど常連扱いするのが効果的です。

（第7章担当：柳瀬　智雄）

第8章
お客様と一緒にお店を盛り上げる

質問1
アンケートを取りたいが、何を聞けばいい？

小さなお店の店主の相談

　美容室を経営しています。今は2店舗目で、最初の店に比べ、コンセプトや内装も自分の理想に近づけた店づくりをしたつもりです。10名いるスタッフにも朝礼や定期ミーティング、研修などに参加してもらい、同じ意識を持ってお客様に接してもらえるように私の考えをしっかりと伝えており、皆も頑張ってくれていると思います。

　長年に渡って来てくださっているお客様も多いので、ある程度ご満足いただけているとは思いますが、一方で実際はお客様はどう思われているのかという心配もあります。もっと良い店づくりのためにご意見をお聞きしたく、アンケートを取ってみようと思いますが、内容や聞き方のポイントなどはあるでしょうか？

砂診断士の回答

　アンケート結果から有益な情報を得るには、テーマを絞ってピンポイントで聞く必要があります。なぜなら、たくさんのことを聞いても詳細にお客様を知ることにはなりませんし、アンケートが回収しにくくなるからです。特に重要となる質問は次の3点

第8章 お客様と一緒にお店を盛り上げる

です。

①「なぜ当店を選んだのですか？」（購入動機）

　　　購入動機を知ることで「買うか買わないかの決め手」がわかり、お客様の購買活動を促すお店づくりに活用できます。

②「なくても仕方がないが、もしあったらうれしいと思うサービス」（潜在的ニーズ）

　潜在的ニーズを知ることで「ここでしかできないサービス」に気づくことができ、ライバルとの強力な差別化要因が見つかるかもしれません。

③「当店を利用してどのように生活が変わりましたか？」

　この質問は、広告に利用する"お客様の声"に活用できます。良い影響がなければお店を利用することはないので、"いい声"を集めることができるからです。また、スタッフのモチベーションを高める材料にもなります。

神戸診断士の回答

　　　お客様の声を聞いてお店の運営に活かすことは、非常に重要な取り組みの一つですが、書面でのアンケートはお客様にとって「ストレス」になる場合が多く、一般的によほどの不満がない限り、お客様は「不満」についての項目を記入する代わりに「二度と来店しない」という選択をされます。そのため、しっ

かりと書いていただくには何らかのインセンティブを行うか、分析をきちんと行う必要があります。

　また書面によるアンケートだけでなく、口頭アンケートも併せて実施することをお勧めします。貴店は美容室ですので、担当するスタッフの接客時間は長くなります。ですから、「接客中に必ずお客様にお聞きする項目」を決めておき、スタッフがそれを「自然な流れの中で」聞くことで、普段お客様が言いにくいことを聞き出すこともできるでしょう。それらを集めるだけでも、非常に有益な「お客様の声」になります。

　書面と口頭アンケートをうまく使い分け、さらに「お客様の声はすべて正しいわけではなく、一定のバイアスがある」ことを前提に内容を吟味して、「不満」の兆候を見いだすことが重要です。その不満がお店のコンセプトや大切にしているサービスに関するものであれば、より注意して検証する必要があります。

　自分の理想の店舗とお客様にとっての理想の店舗は、必ずしも同じにはなりません。十分にお客様が来店されているのであれば、お客様の声をいただき、それをうまく反映していくことで、市場の変化に対応したお店づくりができるでしょう。

柳瀬診断士の回答

　お客様の不満や、「もう少しこうしてほしい」という要望事項を吸い上げて改善に活かしたいとのことですが、アンケートで本音を聞き出すことは簡単ではありません。そこで、お客様を対象に

第8章　お客様と一緒にお店を盛り上げる

「改善提案コンテスト」を行ってはいかがでしょうか。「お客様にとって、もっと良い店になりたいのです」という思いを前面に出し、スタッフが「なるほど」と思った改善提案にはプレゼントを提供します。苦情ではなく改善提案であれば、お店を愛してくれているお客様ほど真剣に考えていただけるので、実効性の高い提案が期待できます。ただ、用紙には必ず「お店の気に入っている点」も書いていただき、スタッフのモチベーションが下がらないように工夫しましょう。こちらから求めたものだとしても、お客様からのダメ出しはへこみますので。

コンテストで集めた改善提案のうち、すぐに実行に移すものについては店頭に貼り出し、お店のやる気をアピールしましょう。真剣に取り組む姿勢がお客様に伝われば、お店のファンも増えていきます。

売上を上げるポイント

ポイントを絞り、強みと潜在ニーズを探る、紙に出てこないお客様のサインを読み取る、楽しんで店づくりに参加していただく――アンケートを行うことは、改めて自店舗を見つめ直す良い機会にもなると思います。お店の良さは、一番の理解者であるお客様に聞いてみるのが早道なのです。

質問2
ネット上のお客様と継続的な関係を築くには？

小さなお店の店主の相談

　サッカーファン向けのユニフォームやグッズなどを販売しています。実店舗の他、ネットショップも運営しており、実は売上はそちらの方が大きいのです。マニア向けのレアグッズも揃えているため、全国から熱心なファンの方がサイトを見つけてご購入くださっています。

　趣味性の高いものなので、リピーターも比較的多いと思いますが、やはり一度きりの購入になる方もいらっしゃいます。また固定客の方にも、継続してお買い上げいただけるようPRを続けていかなくてはと思っています。サッカーの楽しさを伝えながら、うまくお客様とつながっていくには、どんな風にネットを使ったらいいでしょうか。

佐々木診断士の回答　インターネット上でお客様と継続的な関係を築くのに有効なものがソーシャルメディアです。ただし、ソーシャルメディアを活用するにあたっては、まず守っていただきたいのが安易に「売り」に走らないことです。もちろん、最終的には購入していただき

第 8 章　お客様と一緒にお店を盛り上げる

たいのですが、お客様はソーシャルメディア上でまで売り込まれたくないのです。売り込み一辺倒では、逆にお客様に逃げられてしまいます。買いたい方はネットショップにアクセスされますので、ここでは情報発信と交流に専念するのがポイントです。

　まず、オーナーのキャラクターを顔写真付きで全面に押し出しましょう。それにより、同じ趣味・志向の方が自然と集まります。次にサッカーの最新情報やグッズ情報など、話題の種になる内容を継続的に投稿しましょう。お店の宣伝をするのではなく、サッカーをより楽しんでもらうための情報提供に徹するのがポイントです。細かなテクニックは他にも色々ありますが、上記2点を愚直に実践するだけで、自然とファンが増え、結果的に継続購入客が増えること請け合いです。

柳瀬診断士の回答

　お客様が2度目のお買い上げに進まない理由は色々ありますが、ネットショップの場合、魅力的な商品の存在に気づいていない可能性があります。お目当ての商品をネットで発見・購入して満足されているお客様に対し、まだまだ関連する商品が豊富にあることを伝えれば、リピーターになってもらえる可能性が高くなります。またサッカーグッズの場合は趣味性が高く、購入者がSNSで情報発信してくれるなどの口コミ効果が期待で

きます。

具体的には、Facebookにお店のページを開設し、新製品情報や売れ筋商品情報などを掲載して、購入者や購入希望者にコメントを積極的に書き込んでもらえるようにします。顧客の優越感をさりげなく刺激するのがポイントです。また、コメントに対してはできるだけ早くコメントを返しましょう。

Facebookでは継続的に商品情報を発信し、顧客の物欲を刺激し続けることが大切ですが、たとえすぐに売れなくてもお店と顧客との継続的な交流が生まれ、顧客にとってお店が日常的に意識される存在になるため、関連商品の購入先として真っ先に想起される可能性が高くなります。

青木診断士の回答

お客様に継続的に購入してもらうためには、あなたのお店を忘れられないようにする仕組みが必要です。お客様から「○○と言えば、あのお店」と認識され続けることです。

あなたのお店の場合は、ネットでの購入が多い強みを活かし、メールマガジン等で情報発信を継続的に行い、お客様との接点を増やす取り組みが必要でしょう。さらにネットでのつながりをリアル店舗につなげる工夫も必要です。

あなたのお店の強みは商品の品揃えの良さだけでしょうか？ サッカー関連の関係者との人脈が広い、サッカーに関する知識豊富なスタッフがいるなど、ネットだけでは伝えきれない「お

第 8 章　お客様と一緒にお店を盛り上げる

店のウリ」があるはずです。そのお店のウリを店舗に来れば体験できることを、ネット媒体等で伝えるといいでしょう。まずはウリを明確にし、そのウリが活きるイベントなどを企画して、リアル店舗で実施してみてください。

あなたのお店のウリは何ですか？それを活かすイベントは何ですか？さらには、その情報を発信するのに今のネット媒体を活用できないでしょうか？これらのことを考え、お客様との関係性を長期的に築いていってください。

売上を上げるポイント

今やインターネットはお客様とのコミュニケーションに欠かせないツールとなっています。回答で挙げられた「コンテンツ」、「SNSの使用ポイント」、「ネットとリアルの融合」の3つのポイントから、お客様とのつながりを強めるヒントが見えてきます。

質問3
どうすれば、お客様に口コミしてもらえる？

小さなお店の店主の相談

アロマリラクゼーション・マッサージの小さなサロンを経営しています。最初は趣味で始めたのですが、その後ちゃんとした資格を取り、開業しました。来店当初はお友達にお試しなどで来てもらい、そのお友達にお客様を紹介してもらったり、街のイベントに参加して地域の方にお店を知ってもらったりして、お客様も徐々に増えてきてはいます。ブログを読んでくれた方がお問い合わせくださり、来店されることもあります。

大きな宣伝などはできませんし、口コミで地道にお客様の数を増やしていきたいと思うのですが、口コミをしていただける方法がわかりません。お客様にうちのサロンを紹介してもらいやすくするには、どうしたらいいでしょうか。

橋木診断士の回答

口コミ自体をコントロールすることはできませんが、口コミが広がりやすくなる工夫は可能です。工夫の一つとして、簡潔な言葉で商品・サービスのウリを表す方法（USP：Unique Selling Proposition）があります。USPは、お客様があなたの店や商

第8章　お客様と一緒にお店を盛り上げる

品を紹介する際、口下手さには依存されず、"的確にそのウリを伝えられること"がメリットです。

一例をあげると、"新鮮さと早さ"をウリにしたドミノピザのUSPが有名です。「ホットでフレッシュなピザを30分以内でお届けします。もし30分以上かかったら、ピザ料金はいただきません」。口コミを広がりやすくするためにも、このようなUSPをあなたの店で検討してはいかがでしょうか。

USP作成のためには、抽出と表現のステップがあります。抽出ステップでは、顧客、自社、競合の視点で整理し、"顧客に喜ばれる、あなたの店だけの強み（独自のウリ）"を抽出します。そして表現ステップで、簡潔でわかりやすい言葉にします。いいキーワードはお客様の声から拾えることが多いため、対面やアンケートで聞き出すことも有効です。ウリばかり前面に出てメリットが伝わりにくい、また長くなって話しにくいUSPにならないように注意しましょう。

USP活用の結果、口コミ加速による新規顧客の増加に加え、チラシなど各種プロモーションを活用できる波及効果も大きいものです。あなたの店だけのUSPをぜひ検討してください。

中村診断士の回答

口コミとは、商品やサービスさえ良ければお客様が勝手にしてくれるというものではありません。口コミが発生しやすい下地づくりをお店側でする必要があります。具体的には、まず「口コミのネタを作る」ということです。「このお店、全体的にいいね」というだけではお客様も人に伝えにくいものですが、「へぇ～」と言いたくなるような驚きのネタや感動のエピソードなどがあると、どんどん伝えたくなるのです。

たとえば、「あのお店の料理は美味しい」というだけではなく、「あのお店のシェフは、東京の予約が取れない三ツ星レストラン○○で料理長の経験があって、特に鴨料理が美味しい」などと言うとネタになるのです。そのネタをお店側で明確な表現に直して、リーフレットやホームページなどのあらゆる所で使っていきます。貴店はアロマとマッサージのお店ということですが、技術力や付随サービス、スタッフの接客力、店長の個性など、何かネタにしやすい材料を探してみましょう。

佐々木診断士の回答

お客様にサロンのサービスを評価いただき、紹介していただく口コミは理想的なお客様獲得手段です。本来、お客様も良いサービスはお友達に紹介したいものです。しかし、良さを伝える難しさ、紹介のタイミングや手間を前に、紹介まで至らないことが多いのも

事実です。逆に言えば、紹介しやすい仕組み、紹介したくなる仕組みづくりさえできれば、良いサービスであれば自然と口コミを増やすことができます。

　たとえば、紹介カードを作り、そこにサロンのおすすめポイントを記載すれば、内容の説明が簡単になります。さらに、ご紹介者の氏名も記載できるようにし、紹介された方だけでなく紹介いただいた方にもメリットが出るクーポンにすることで、手間を惜しまず、積極的に紹介するモチベーションづくりができます。なお、紹介で新規お客様が来店された際に、紹介いただいた方に速やかにお礼ができれば、さらにサロンのファンになっていただけ、紹介もしてもらえることと思います。こうした良い循環を作れば、お金をかけずに質の良い新規客を獲得できるようになります。

売上を上げるポイント

　大企業とは違って、莫大な宣伝費を使いづらい小さなお店にとって、口コミは大切な宣伝ツールです。植物を育てるようなものと思ってください。土づくりをして芽を出させ、強そうな苗を大きくしていくのです。まず口コミの大元となる自店舗の強みをしっかり認識（土づくり）して、それを伝える具体的な特長を創り出す（芽を出させる）。そして広がっていきやすい仕組みを整える（伸ばす）。ぜひきれいな花を咲かせたいものです。

質問4
お客様が友達に紹介したくなる店ってどんな店？

小さなお店の店主の相談

　駅から10分ほど離れた場所で器の店をやっています。小さな店なのでそんなに商品は多くないのですが、季節に合わせて器を揃えたり作家の個展を開いたりして、こまめに品揃えは変えています。値段はそう安くはありませんが、こだわりの器を揃えて、地域の食器のお好きな方には、おもしろいものを扱っている店とお褒めの言葉をいただいています。

　人通りの多い場所ではないですし、大きな宣伝もしていません。広告で派手に宣伝するよりも、実際に目にされた方の間で評判が高まるような、自然に店を知ってもらえるような方法があればいいのですが。

佐々木診断士の回答
　値段勝負でなく価値ある器の提案で、食器好きの方に支持いただいている素敵なお店ですね。そして、これからも器の価値をわかっていただける方をお客様に増やしていこうとされているのは、経営に一貫性があり、素晴らしいと思います。ただ、器の価値

第8章　お客様と一緒にお店を盛り上げる

をわかっていただける方に出会う、また器の価値を見込み客の方に理解してもらうのはなかなか難しいこともあると思います。

そこでご提案したいのが、器に関心あると思われる見込み客が集まる他業種へのアプローチです。たとえば、ちょっと洒落た喫茶店や、地域の料亭などに器を納め、さらに器の楽しみ方の紹介もするのです。飲食は味のみでなく、器を楽しむ要素がありますし、良い器は飲食の魅力を引き立てます。「器の物語」をお客様に話してもらい、より飲食を楽しんでもらえるようになれば、飲食店もそのお客様にも喜んでいただけます。その中から少しずつお店を知ってもらうことが、質の良いお客様との出会いのきっかけとなります。飲食店の方

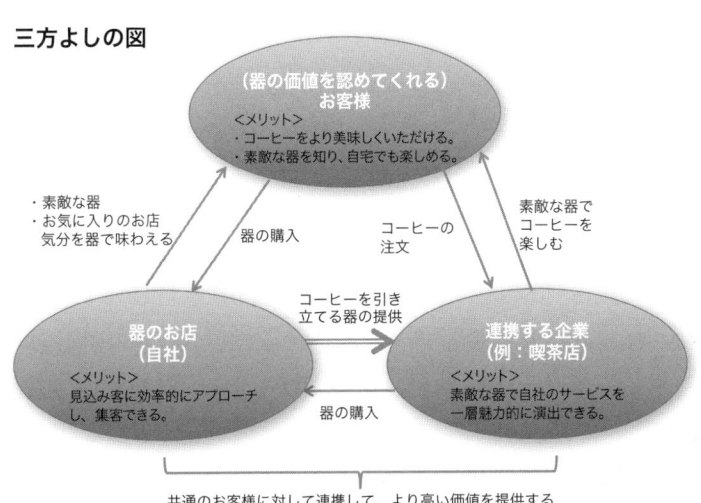

三方よしの図

（器の価値を認めてくれる）
お客様
＜メリット＞
・コーヒーをより美味しくいただける。
・素敵な器を知り、自宅でも楽しめる。

・素敵な
・お気に入りのお店
気分を器で味わえる

器の購入

コーヒーの注文

素敵な器でコーヒーを楽しむ

器のお店
（自社）
＜メリット＞
見込み客に効率的にアプローチし、集客できる。

コーヒーを引き立てる器の提供

器の購入

連携する企業
（例：喫茶店）
＜メリット＞
素敵な器で自社のサービスを一層魅力的に演出できる。

共通のお客様に対して連携して、より高い価値を提供する
アライアンス(同盟)関係

も、お客様に喜んでもらえる器を提供する貴店のファンになるでしょう。お客様・自社・他業種がともにメリットの出る仕掛けづくりで、良質な新規顧客の獲得を目指しましょう。

柳瀬診断士の回答

広告に頼らずにお店の認知度を高める方法としては、「紹介」が効果的です。人にお店を紹介するということは、その人の役に立ちたいという思いもありますが、その店をよく知っている、なじみ客であることを自慢したいという気持ちもあります。どのような店ならなじみ客であることを自慢したくなるか、どうすれば自店が自慢したくなる店になれるかを考えてみてください。

たとえば、お店の「こだわり」のポイントを明確にし、ポリシーのある品揃えを徹底する方法があります。作家の個展を開催する際も、作家に対するこだわりを持っていたいですし、そのためにはもちろん、自分の感覚や審美眼を磨くことも大切です。良いものを扱うお店というイメージを大切にしましょう。また、リピートしてくださるお客様は名前でお呼びするなど「特別扱い」をすることで、お客様はこの店の特別な客として扱われていると感じ、自慢したい気持ちから友達をお店に連れてきてくれるでしょう。ここまでくると、お店のプレミアム感が高まり、値引きなしの定価販売が可能になります。店舗のステータスが高まれば、作家からの取り扱い要望が増え、より良

第 8 章　お客様と一緒にお店を盛り上げる

い作品の取り扱いが可能になり、売上単価のアップも可能になります。

このような良い循環を生むために、どのような雰囲気の店内でどのような商品を扱うべきかをしっかり考えてみてください。モノの価値を知るお客様にとって最高のお店になることを目指しましょう。

売上を上げるポイント

口コミを広げるのに、地域の別分野のお店などとコラボレーションすることで、今まで自店舗にいらっしゃらなかったお客様を取り込むことができます。また、すでに顧客になってくださっているお客様は、あなたのお店の優秀な宣伝部長でもあります。

違う切り口からのアプローチによって、お店に新しい賑わいを取り込んでいきましょう。

質問5

売上に困った時に頼りになるお客様を作りたい。

小さなお店の店主の相談

　駅直結の商業ビルでコンフォートシューズの店舗を出しています。おしゃれ靴ではなく、足にやさしい歩きやすいものを扱っており、ご年配の方や外反母趾の方によくご利用いただいています。流行のものでもないので、暇な時期、忙しい時期というのがあまりない代わりに、大きく売れる時期もありません。最近低価格のシューズも増えて、売上の厳しい月が多くなっています。

　今までは固定のお客様に対して、こちらからそれほどおすすめすることはなかったのですが、これからは売上を上げるためにもっと色々ご提案していこうかと考えています。やはり、これという時にお買い上げいただけるお客様をしっかり作りたいのですが、普段からどんなことに気をつけてお客様づくりをすればいいか悩んでいます。

戎診断士の回答

　お客様に単なる買い物客ではなく、ファン顧客になっていただくことが重要です。

　そのためには、お客様が想定している品質

第8章 お客様と一緒にお店を盛り上げる

やサービスをはるかに超えるサービスを繰り返し、ファン顧客へのステップを着実に進めていく必要があります。

御社の場合、コンフォートシューズを専門に扱われていることから、お客様は足にトラブルを抱えている方や健康志向の方が中心であると考えられます。お客様は、靴が欲しいというニーズはもちろんありますが、コンフォートシューズによって足のトラブルを解消したいというニーズを持っています。その健康ニーズに徹底的に対応していくことで、お客様に繰り返し小さな感動を提供するのです。

具体的には、顧客ごとに足の状態のカルテを作成したり、健康のための情報提供、歩き方教室、購入後の不具合対応、直筆の感謝のお手紙などを実施したりします。そうすることで、お客様は購入後も御社とつながりを持ち続けることができます。いったんファン顧客になっていただいたお客様とは、圧倒的な信頼関係を構築でき、リピートしていただけるようになります。またお客様との距離が縮まることで、顧客ニーズの把握の精度が上がり、顧客にさらに喜ばれる商品展開ができるという相乗効果も生まれます。

橋木診断士の回答

あなたの店を自分の店のように感じ、あなたやお店が困った時は様々な支援までしてくれる存在。そんな"スポンサー"にまで関係性を深めることが必要です。そのためには、ターゲットを絞り

込み、独自のウリを明確に打ち出し、スポンサーにとってあなたの店が特別で必要不可欠な存在になっていることが大前提です。その上で、日々のコミュニケーションでスポンサーとの信頼関係を醸成していってください。

さらなる一歩として、信念やコンセプトを支える人になってもらうことです。そのためには、あなたの信念や店のコンセプトに触れることで店への共感を深めてもらうことが必要です。具体的には、日々のコミュニケーションで熱い想いを伝えていく、創業時の想いを冊子で提供する、信念に基づく社会貢献イベントを企画するなどの取り組みで、少しずつ継続的に共感を深めていきましょう。

結果、困った時の売上アップはもちろん、紹介による新規顧客増加の効果も期待できます。さらに、信念やコンセプトに共感するスポンサーに支えられることによる従業員のモチベーションアップの効果も見逃せません。ぜひ、明日からスポンサーに囲まれた店づくりを目指してみてください。

神戸診断士の回答

お店は、お客様の「財布のひもを緩める」ことはできますが、お客様の「財布の中身を増やす」のは不可能であることは言うまでもありません。特に客単価の高い「上得意客」は、「財布の紐が緩い」のではなく、最初から「財布の中身が潤沢にある」お客様である

第8章　お客様と一緒にお店を盛り上げる

ことが多いです。

　最初からこのようなお客様を狙ってご来店いただくのは難しいですが、新規でご来店されるお客様の中から見分けていくことは可能です。たとえば、お客様の購買データを分析する手法です。現在の上得意客の購買動向を分析し、「最初から極端に客単価が高い」、「初回来店から再来店までの間隔が短い」などの、他のお客様と違った購買動向の特徴を見いだしていきます。新規のお客様で同様の購買動向をとる方がいれば、それは「上得意客」候補として、徹底的にアプローチして囲い込み、効果的に育てていきます。

　上得意になるお客様というのは、お客様全体の数から見て一定の比率でしか存在せず、最初から狙って来店していただくことは難しいものです。色々な属性の新規客を増加させるとともに、その中から早い段階で見つけ出し、一人ずつ増やしていくことが堅実な方法であると言えます。

売上を上げるポイント

　小さなお店は、支えてくれる「顧客」がどれくらいいるかによって繁盛するかどうかが変わってきます。お客様に愛されるサービス、共感していただけるコンセプト、それを理解してくださるお客様探しに取り組み、大切なファンが一人でも多く増えるお店づくりをしたいものです。

（第8章担当：高橋　佐和子）

第9章

コンサルタントの種明かし

1　お店のウリとは何か

　2〜8章にかけて、小さなお店の店主の相談に専門家が回答する形で、売上を上げるための様々なケースを紹介してきました。これらのケースは、単なる専門家の思いつきではありません。そこには売れる仕組みに関するしっかりとした理論の裏付けがあります。第9章では、この理論についてご紹介したいと思います。我々コンサルタントがどのようなロジックに基づき、解決策を提示しているのか、その種明かしです。

　まず、理論のスタートとなるのが「お店のウリとは何か」という視点です。ウリとは、お客様にとって価値があり、競合店舗には真似されにくい特長のことです。これは商品やサービス力だけでなく、それらを支える強みも対象になります。

　小さなお店は、価格競争で規模に勝る大型店舗に勝つことは難しいものです。これは、商品の仕入れに関するボリュームなどが劣るからです。そのため、小さなお店は価格以外の要因でお客様に選ばれる必要があります。「常連のお客様に喜ばれている理由」、「その理由を支える強み」を把握し、それを見える化して発信できているお店は、「お店のウリが売上につながる」のです。しかし、お店のウリをどのように把握し、どのような方法で発信していくかは、実際には非常に難しい問題です。そこで、ウリを明確化して売上につなげる方法を、我々コンサルタントが行う支援の流れに沿って説明します。

2 売れる仕組みを作るための着眼点

図1は、我々コンサルタントが行う支援のフローです。この(1)～(4)が、売れる仕組みを作るための着眼点になります。

図1　売れる仕組みをつくるための着眼点

(1) 売上高低下の原因の把握
↓
(2) 現行のマーケティング戦略の把握
↓
(3) 経営資源の把握
↓
(4) ウリの明確化と売上アップのための施策の実行

(1) 売上高低下の原因の把握

売上高の低下に悩んでいるお店が最初に着眼すべき点は、「現在、売上高構成のどの要素が低下しているか」です。

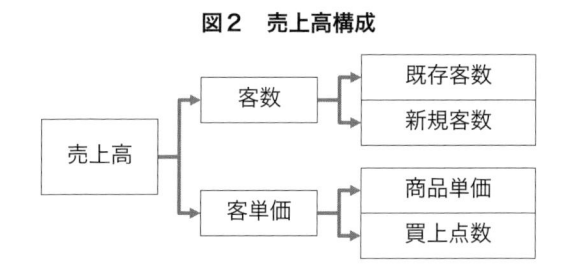

図2　売上高構成

売上高
├─ 客数
│　├─ 既存客数
│　└─ 新規客数
└─ 客単価
　　├─ 商品単価
　　└─ 買上点数

図２は、売上高の構成図です。売上高は、客数と客単価の掛け算から構成されます。たとえば、これまで１ヵ月に２回来店してもらっていたお客様に１回しか来店してもらえなくなれば、売上高は低下します。また、新規客が減るほど売上高は低下します。

　一方の客単価は、商品単価と買い上げ点数の掛け算です。たとえば、これまで1,000円の商品を購入していたお客様が500円の安い商品を購入するようになれば、商品単価は低下します。また、１回の買い物で３つの商品を買っていたお客様が２つしか購入しなくなれば、売上高は低下します。

　このような視点から、売上高低下を招いている理由を特定していきますが、これは売上が下がっている要素を正確に把握し、優先順位をつけて売上向上の対策を打つためです。支援をしていて気づくのは、店主が自店舗の売上低下の原因を把握していないことです。売上高低下の要素を把握して初めて、売上高向上に向けた取り組みもスタートします。

(2) 現行のマーケティング戦略の把握

　売上高低下の原因を把握したら、続いて現行のマーケティング戦略について確認を行います。これは、現行のマーケティング戦略上の問題点や、売上高低下の真因を把握するためです。

第 9 章　コンサルタントの種明かし

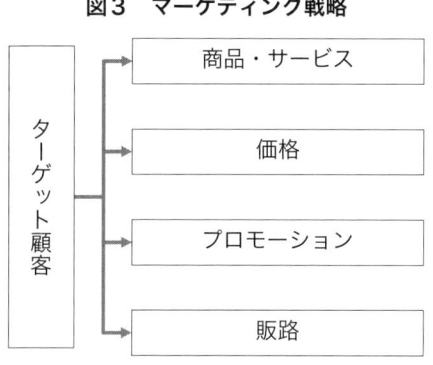

図3　マーケティング戦略

```
                 ┌─── 商品・サービス ───┐
                 │                      │
   ターゲット ───┼─── 価格 ─────────────┤
     顧客       │                      │
                 ├─── プロモーション ───┤
                 │                      │
                 └─── 販路 ─────────────┘
```

　マーケティングとは、売上を獲得するための取り組みのことです。図3は、マーケティング戦略の体系図で、マーケティングを行う際の切り口を示しています。すなわち、自社の商品・サービスに共感していただけるお客様にターゲットを絞り、価格設定やプロモーション方法、販路の選択を考えるのです。これらのマーケティングの切り口は、自社の現状を整理するために有効となります。

　具体的にどのように取り組むのか、順に見ていきましょう。

　まずは、商品やサービスの特長を確認します。ここでは、競合と比べて、その店舗の商品やサービスがどのように優れているかをチェックします。ポイントは「競合と比べて」です。「うちは独自のものを販売しているので、競合はない」といった声をよく聞きますが、競合のない企業は存在しません。売上高が下がっている理由の多くは、これまで通っていただいていたお

客様が他の店舗に流れているからです。つまり、競合と比べてどの点が勝っているかを確認する必要があるのです。

　次に、ターゲット顧客の確認です。「あなたのお店のお客様はどのような方ですか？」と店主に質問すると、不思議な顔をされることがあります。「全員がお客様だから、どのような方と言われても困る」というのが理由です。しかし、そのような反応を示す店舗は、売上高が低下していることが少なくありません。お客様の立場から見ると、特長のない店に映るからです。もちろん、世の中にその店しか存在しないのであれば、それでいいでしょう。しかし、実際は多くの競合店舗があり、それぞれの店が自店舗の特長を明確にして発信するように努めているのです。このような状況で、自店舗の特長を明確に示していないお店が、お客様から選ばれることは難しいと言えます。したがって、ターゲット顧客の確認では、「商品・サービス力が活きるお客様を認識しているか」、言い換えれば「自社のウリに反応するお客様を見つけることができているか」という視点で、お客様の捉え方を確認しています。

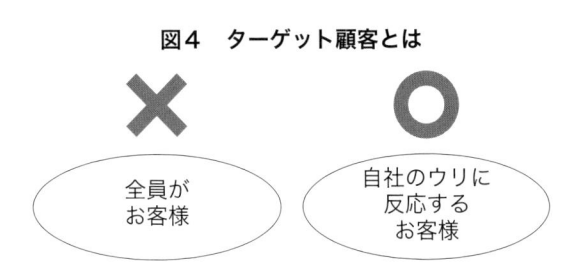

図4　ターゲット顧客とは

×　全員がお客様

○　自社のウリに反応するお客様

第9章 コンサルタントの種明かし

＜2～8章のケースで復習＞

2章（質問1、2、3）4章（質問3）8章（質問5）

　さらに、価格設定について確認を行います。ここでは、売上構成比における客単価の低下理由と絡めながら、適正な価格設定を考えていきます。この際のチェックポイントは、ターゲット顧客や商品・サービス特性と、現状の値付けがマッチしているかどうかです。また競合との比較も行いながら整理し、安易に「値引き」や「低価格」に走っていないかを確認します。小さな店舗は、価格競争では大型店舗に勝てません。自店舗のウリを明確に伝え、価格以外の要素で選ばれる努力をすることも前提に価格設定を考えます。

＜2～8章のケースで復習＞

3章（質問2）7章（質問1）

　最後に、販路とプロモーションについて確認を行います。小売店の販路は、実店舗での販売とインターネットを活用した販売などです。実店舗での販売は、ターゲット顧客や商品・サービスの特性に合致した店づくりや接客が行えているかという視点でチェックします。たとえば、「詳細な説明が必要な商品や、高齢者を対象にした商品をインターネットで販売していないか」、「お客様の個別の要望を聞いて、適切な商品を提案する必要があるのに、アルバイト店員などに販売を任せていないか」

などです。商品・サービス特性に合った販売形態をとれているか、その整合性をチェックするのです。

これらのチェックを行った上で、現在のプロモーション状況を確認します。状況確認を行う際には、消費者の購買行動モデルを活用すると便利です（図5）。

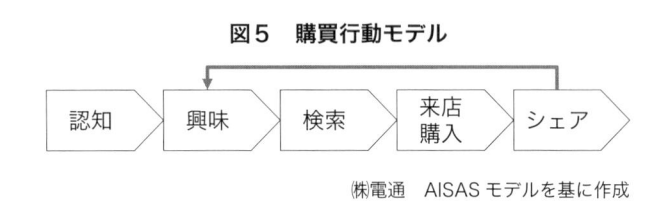

図5　購買行動モデル

認知 → 興味 → 検索 → 来店購入 → シェア

㈱電通　AISASモデルを基に作成

このモデルはお客様視点で、購買までにどのような施策を打つべきかを把握するものです。お客様はお店の存在を「認知」し、競合との違いを理解して「興味」を持ち、その店舗を検索エンジンで「検索」し、店舗の魅力を確認した後に「来店購入」します。さらに、購入した商品やサービスに満足すれば、知り合いに「あの店、おすすめよ」と紹介し、「シェア」するのです。

店主の皆さんは、これらの理論を意識していなくても、新規顧客獲得のために様々な施策を打っています。たとえば、認知度を上げるために看板を設定する、興味をひくために店頭POPを工夫する、検索時に評価されるためにホームページを整備する、などです。しかし、残念ながら多くの場合、新規顧客の増加にはつながっていません。それは、「認知」から「シェア」

までの過程で、次のステップに移行しないプロモーション上の断裂が起きているからです。つまり、認知されてはいるが、競合との違いが明確でなく、興味を持ってもらっていないとか、興味を持たれてはいるが、ホームページでの訴求ポイントがズレているので来店につながらないとか、商品・サービスは良いが、口コミをするようなネタをお客様に提供していないので思ったよりも既存顧客からの紹介が少ない、といったことです。

　プロモーションのチェックポイントは、現状施策と購買プロセスで上記の断裂を確認することです。ここまでのマーケティング戦略の確認におけるキーワードは「一貫性」で、ターゲットと商品の品揃え、価格設定、プロモーション手段、販路選択の間に一貫性があるかどうかが重要となります。

＜2〜8章のケースで復習＞

> 4章（質問1、2、4）5章（質問1、2、3、4、5）6章（質問1、2、3、4、5）7章（質問1、2、3、5）8章（質問2、3、4）

(3) 経営資源の把握

　ここでは、店舗の経営資源をチェックします。図6は経営資源の概念図です。

図6　経営資源の把握

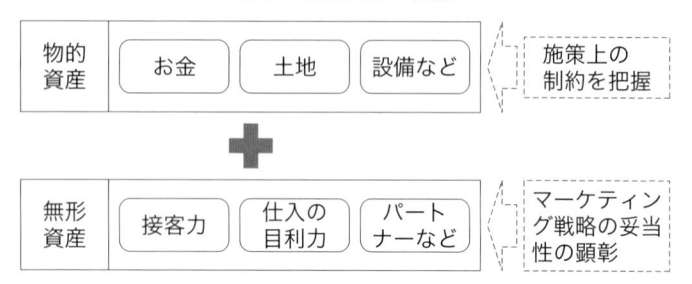

物的資産	お金	土地	設備など	→ 施策上の制約を把握
無形資産	接客力	仕入の目利力	パートナーなど	→ マーケティング戦略の妥当性の顕彰

　経営資源には、物的資産と目に見えない無形資産があります。小さなお店は大規模店舗と比べて物的資産の量が劣るため、無形資産の質を高め、その強みを活かすように意識することが必要となります。無形資産とは、接客力や仕入力など、貸借対照表には表れない資産の総称です。こうした無形資産の有無を確認した後に、その強みを証明するために、強みに関するお客様の評価やマスコミへの掲載実績、第三者機関からの表彰などを収集します。

　ここで確認した無形資産は、前段階のマーケティング戦略の妥当性を見極める材料になります。たとえば、仕入れの卓越した目利き力や、商品知識に裏付けられた接客能力があるならば、それを活かしたマーケティング戦略になっているかどうかをチェックするのです。そして問題があれば、マーケティングの差別化方針を修正します。

　また、ここでは物的資産を精査することで、資金的な余裕やスタッフの人数などを把握し、今後展開するプロモーション上

の制約も理解します。実行可能な施策でなければ売上の向上につながらないため、物的資産の制約もぜひ押さえておきましょう。

＜2～8章のケースで復習＞

2章（質問1、2、3、4）3章（質問1、3、4）

(4) ウリの明確化と売上アップのための施策の実行

さて、(1)～(3)のステップを経て、ようやく店舗の商品力やそれを支える強み、プロモーション上の問題点などの確認が終了し、実際の売上向上策の策定に移ることができます。重要なのは、自店舗のウリを明確に整理することです。あなたのお店が「お客様からどのような点に価値があると認識されているか」、「商品・サービス力を支える強みは何か」といった問いへの答えを明確にしなければなりません。

3　独自のウリを抽出する3つのアプローチ

ここからは売上向上のキモになる、独自のウリを抽出するアプローチ方法を紹介します。独自のウリの抽出法には、顧客の声を手掛かりに抽出する方法、ビジネスモデルを整理する中で明らかにする方法、過去の成功事例からひも解く方法の3つがあります。つまり、独自のウリは、会社側が一方的に「これが

当社のウリです」と決めるものではなく、お客様との関わりや競合との相対的な位置づけの中で決定していくものなのです。

ここでは、代表的なアプローチ方法とそのアプローチが有効なケースの紹介、また抽出した独自のウリをどのようなプロモーション媒体で伝えていくか解説します。

①顧客の声アプローチ

＜顧客の声アプローチの有効性＞

あなたの店の周りにも、低価格や多くの品揃えを武器にした大規模な店舗ができ、今後の経営に不安を感じられているかもしれません。だからと言って、経営資源が劣る小規模な店舗が、大規模な店舗と同じ低価格や品揃え戦略をとったとしても、勝敗は目に見えています。小規模であればあるほど、他社にはないその店の独自のウリを、絞り込んだターゲットに対して展開していく必要があります。

小規模店舗が経営改善を行う中で、"顧客の声アプローチ"は３つの点で有効です。１つめは"独自のウリ抽出ができる点"、２つめは"容易に強力なプロモーションツールを得られる点"、３つめは"改善点の把握やニーズの収集ができる点"です。

＜顧客のカイ＝顧客視点での独自のウリ＞

企業支援では通常SWOT分析という手法を活用して、企業の強み、弱み、機会、脅威を拾い出し、ビジョンや戦略を策定していきます。しかし、「そもそもうちに強みなんてない」と

第9章　コンサルタントの種明かし

いうケースや、強みを拾い出せたとしても顧客のメリットにつながらない、競合が意識されていない、つまり"独自のウリ"とは言えないケースも多々あります。

その場合は、顧客の声から独自のウリを導き出します。「多くのお店の中から当店を選んでいただいた理由をお教えください」と顧客の選定理由を聞き出すのです。「多くの店の中から」という言葉で、競合と比べたその店の良さ、つまり独自のウリを引き出すことができます。そして何より、"自分視点"ではなく、"顧客視点"での独自のウリ、いわゆる顧客の"カイ"を引き出すことができるのです。以前支援したカイロプラクティック店では、それまで施術の技術力を重点的にプロモーションしていましたが、顧客の声アンケートで「施術者が女性である安心感」が来店の決め手となっていることが改めてわかり、以降は女性に対する安心感を醸成する店づくり（店頭・店内改善）に取り組んでいます。

アンケートはすべての顧客の声を集約するのではなく、ターゲットの声を集約していきます。店に高い価値を感じている常連や、今後注力していきたい顧客層の意見を重点的に聞いていきましょう。

＜顧客の声＝強力なプロモーションツール＞

独自のウリとターゲットを把握できても、ターゲット顧客に伝わらなければ売上にはつながりません。しかし、小規模企業は伝える、または表現するノウハウに乏しく、時間もあまりと

れないため、適切なプロモーションができないことも往々にしてあります。その際にも、顧客の声アプローチなら安心です。

　ホームページのトップに載せるキャッチフレーズには、店の独自のウリを端的に表現したいものです。なかなかいい言葉が見つからずに頭を悩ませますが、顧客の声から探せば、素晴らしいキャッチフレーズが見つかります。またチラシを作成する際にも、アンケートで集めた顧客の声をそのまま主要コンテンツとして活用することも可能です。

　顧客の声を第三者の評価として他のお客様に伝えることで、店への信頼感をより高める効果を発揮します。

　＜改善点の把握やニーズの収集＞
　アンケートを取ると、自分では気づかない問題点やアイデアをお客様から教えてもらうこともできます。店頭や店内、品揃え、サービスなどしっかり対応しているつもりでも、行き届かない点があります。気づかなければ改善できない問題点を、お客様に教えてもらうのです。また製品・サービスへの意見をお客様からいただくことで、改善にとどまらず、新製品・サービス開発につなげられるメリットもあります。

　＜気をつけること＞
　顧客の声アプローチに取り組む際は、次の３つの点に気をつけましょう。
　１つめは、顧客の声は、自分が考えるターゲットや独自のウ

リの仮説を検証するために利用することです。自分に芯がなければ、顧客の声に振り回されることになります。2つめは、臆することなく顧客の声を聞くことです。繰り返し来店してくれる顧客は店を気に入っているお客様なので、アンケートにも快く応えてくれます。アンケートの手段は、紙でも直接聞く方法でも構いません。3つめは、まずは弱みより強みを確認することです。改善すべき弱みばかり聞いて、ショックを受けるだけでは身も蓋もないからです。

＊＊＊＊＊＊

顧客の声アプローチは、容易に導入でき、活用もしやすいため、小規模企業には最適な方法の1つです。ターゲットに響く独自のウリを提供し続ければ、客単価アップ、来店頻度向上、新規客数増加の実現が可能です。ぜひ、明日からでもトライしてみてください。

＜2〜8章のケースで復習＞

2章（質問1、3）5章（質問1）7章（質問4）8章（質問1）

②ビジネスモデルアプローチ

　＜ビジネスモデルとは＞

ここでは、独自のウリを抽出する方法として、ビジネスモデルの概念を用いた考え方を説明します。

ビジネスモデルとは、自社を取り巻く「登場人物」、「モノの流れ」、「お金の流れ」の中で"継続して儲ける仕組み"のことで、決して特別な概念ではありません。この儲ける仕組みのエンジンになるのが、独自のウリによる"価値の創造"です。"価値"が誰にとっての"価値"なのかに注目し、誰に、何を、どうやって、継続的な儲けを生み出していくかという視点で捉えた商売の構造そのものがビジネスモデルになります。

　＜収益の鍵を握るお客様は誰か＞
　同じ品物・価格でも、個人の嗜好や時間、場所によって、その感じる価値は異なります。５章　質問３の居酒屋の例では、効率的な広告を出すために、来店してほしい人をより具体的にイメージする方法を紹介しました。自社の扱っている商品やサービスの独自のウリに価値を見出してくれるお客様は誰か、このお客様を明確に認識することが、商売において最も重要になります。

　＜収益を得るためにお客様に何を提供するか＞
　普段、お弁当に1,000円かける人は少ないと思いますが、同じ値段でも新幹線の中では利用する人も多いのではないでしょうか。手ぶらで乗車しても、適当な時間になったら座席まで持ってきてもらえるという利便性がお客様にとって価値があるからです。つまり、お客様の望みや期待、悩みなどの「課題」をいかに解決できるか、その価値を際立たせて表現したもので

なければ、独自のウリになりません。

7章　質問1の薬局の例では、お客様の来店目的は、薬の購入ではなく、症状を改善するためなので、お客様の症状に合わせた適切な処方ができる商品知識や専門知識が、お客様との信頼関係を築く要素になるということを見てきました。このように単に物品の販売ではなく、独自のウリによってお客様の「課題解決」を提供することが、継続的な収益に結び付くのです。

＜どうやって継続的な収益を得るか＞

子供料金を安くすることで子供からは利益を得ない代わりに、子供に付き添う親からお金をもらうという料金体系はよく見かけます。誰から、いつお金をもらうのか。ビジネスモデルの視点では、この収益を得る人とタイミングが重要な要素になります。2章　質問2のコーヒー豆販売店の例では、経営者の経験と専門知識で、カフェの開業予定者に無料で開業支援を行い、開業後の食材の卸販売を通じて継続的な収益を得るという事例を見てきましたが、これはまさに短期的な収益を得るのではなく、将来の収益の源泉を自ら作り上げ、費用を回収するというビジネスモデルになります。

＜ビジネスモデルアプローチの例＞

ブランド食材のネット販売の事例をご紹介します。このお店では贈答品需要をターゲットに、当初は送り主に対してアプローチしていましたが、お客様が求める本当の価値は、今まで

に味わったことのない美味しさへの満足感と、人にも勧めたいと思う希少性にありました。そこで、商品に同梱する食材の歴史説明やレシピなどの充実、他の商品の紹介により、贈答先のお客様が品物を受け取った時の満足度を高める工夫をしてみました。すると、贈答先のお客様が、新たな送り主となってお店を利用したり、自身で購入したりするようになった他、元の送り主にも感謝の声が届くことでリピーターになってもらうことができ、継続的に儲かる仕組みを構築することができました。このお店では、贈答先のお客様が最も注力すべきお客様だったのです。

＜気をつけること＞
　自分の商売において最も注力すべきお客様＝儲かるお客様を見つけ、そのお客様にとっての価値が最大になるような独自のウリを明らかにし、効果的に伝えるプロモーションで訴求します。このとき、普段接しているお客様に目が向きがちですが、儲かるお客様は必ずしも直接お金を支払ってくれる人ではない場合もあることに注意が必要です。

　＊＊＊＊＊＊
　どんな商売にもビジネスモデルがあり、意識せずともその仕組みの中で商売をしています。頑張っているのに売上が伸び悩んでいるお店は、そのビジネスモデルから外れたところにエネルギーを費やしている可能性があります。自分の商売を取り巻

第9章 コンサルタントの種明かし

くヒト、モノ、カネを紙に書き出し、その流れの中から儲かるお客様を見つけることで、独自のウリを見つめ直してみてはいかがでしょうか。

＜2〜8章のケースで復習＞

> 2章（質問1、2、3、4）3章（質問1、3、4）5章（質問3）
> 7章（質問1）

③過去の成功事例アプローチ

＜成功事例をもとに独自のウリを探し出す＞

現在、売上が低下しており、新しいお客様を取り込んでいきたいが、どのようなお客様にアプローチしていいのかわからないというケースには、過去の成功事例アプローチが有効です。

このアプローチ法は、過去の成功事例を振り返ることで、今後アプローチすべき顧客像を明確にし、その顧客が評価している点から独自のウリを探し出す方法です。

＜アプローチすべき顧客像を明確にする＞

新規顧客の獲得は、やみくもに行っても失敗する確率が高くなります。では、どうすればよいのでしょうか。過去の成功事例を探ると、そのヒントが見えてきます。過去の事例をもとに"想定外にお客様に喜ばれたこと"や"想定外に売上が上がったこと"を思い出し、その時のお客様の要望が何だったのかを考

えるのです。その要望を持つお客様が、今後アプローチすべき顧客像の有力候補になります。

　具体的な事例で考えてみましょう。桐箱の製造業を営むA社は、皇室御用達の桐箱などを製造するなど技術力に定評のある会社です。しかし昨今、安価な桐箱の製造を行う業者が多く、その業者との競争に注力するあまり、客単価の減少による売上高の低下を招いていました。そこで過去の事例をヒアリングしてみると、値引きを強いることもなく、同社の技術力を高く評価してくださるお客様がいることがわかりました。そのお客様は、骨董品などの自分の宝物を収める箱として桐箱を利用されていました。価格よりも、自分の宝物を大切に保管できるという機能性と皇室御用達というブランド力の高さに関心があったのです。

　ここでのお客様のニーズは、「大切に保管でき、友人に自慢できる箱がほしい」となります。一般的に、骨董品などの高価な品物のコレクターは、自分の気に入った形のオーダーメイドの箱を望むので、価格の安さや納期の早さよりも出来栄えの良さを評価する傾向にあります。また高価な品物を納めるための箱ですので、当然、桐箱自体の単価も相当高いものとなります。

　さらにヒアリングを実施すると、一般顧客以外に法人顧客の需要もあることがわかりました。こだわりの強い商品を販売している小売店などです。これらの小売店は自社の商品力に見合った箱、さらに言えば自社の商品を引き立てる見栄えの良い箱を望んでおり、オーダーメイドで桐箱を作ってほしいという

注文が入っていました。

ここでのお客様のニーズは、「自社商品の販売増加につながる見栄えの良い箱がほしい」です。こだわりの製品を扱っているので、桐箱に関しても価格の安さよりその出来栄えに興味を持っていたのです。

＜顧客の評価する点こそが独自のウリ＞

このようなニーズを持った顧客は、どういった点で商品やサービスを評価するのか。その答えこそが店独自のウリとなります。それを把握するには、実際にこのようなニーズを持って購入してくださったお客様にヒアリングしてみるのが一番です。同社の場合、皇室御用達となるほどの高い技術力や、個別にカスタマイズが可能なことなど、お客様は製品力について評価してくださっていました。ここから、同社が独自のウリとしてアピールすべき点は、価格ではなく、製品のカスタマイズが可能な点、高級な箱としての見栄えが素晴らしい点、さらにはそれらを支える技術力を有する職人がいる点であることがわかりました。

＜独自のウリが伝わるプロモーション策の実行＞

新しいターゲット像と独自のウリが明確になれば、次はそのターゲットにどのようにアプローチし、売上向上につなげていくかを考えます。このプロモーション策を決定するのに重要なのが、購買決定までのプロセスです。お客様が店の存在に気づ

き、興味を持ってホームページを検索し、問い合わせる。さらには商品の評価について口コミが生まれるという流れを考えて、どのようなプロモーション策をとるかを決めるのです。A社の場合は既に桐箱製造の老舗企業としての認知度が一定以上あり、問い合わせ数も十分にあったので、お客様のニーズに見合うようなホームページにリニューアルすることが解決策となりました。

　＜独自のウリの見せ方の工夫＞
　ホームページでは独自のウリをアピールするのですが、それには見せ方も工夫する必要があります。効果的なのは第三者の評価を載せることです。通常、特に高価なものを購入する時には失敗したくないと思うものです。失敗しないために、実際にその商品やサービスを購入した人の声を参考にしたくなります。そうした心理状態を満たすものが第三者の声です。第三者にも色々ありますが、一番有効なのはお客様の評価ですので、お客様の声をホームページに掲載するといいでしょう。A社の場合は技術力が高いことを示すために、お客様の評価に加えてマスコミの評価も掲載することにしました。大事なのは、外部の評価を見える化することで、それにより顧客価値を高め、独自のウリの信頼性を高めることができるのです。

第9章 コンサルタントの種明かし

<気をつけること>

過去の成功事例アプローチは、"想定外にお客様に喜ばれたこと"や"想定外に売上が上がったこと"を探すことからスタートしました。気をつけないといけないのは、このアプローチ法で見えてきた顧客像が、会社の理念に添い、今後も展開したい顧客像であるのかどうかという点です。たとえ売上が上がっても、それが自社にとって望ましい姿でなければ経営していても楽しくないでしょう。ですから、そのお客様が今後も展開していきたいお客様なのかどうか、検討することが必要となるでしょう。

＊＊＊＊＊＊

新規顧客の獲得は、アプローチすべき顧客像を明確にすることで成功確率を高めることができます。この過去の成功事例アプローチを使って、今後アプローチすべき顧客像を明確にし、その顧客に響く独自のウリを見つけてみてください。

<2～8章のケースで復習>

2章（質問1、3）3章（質問1、4）

最後に

　1章では、売れないお店の共通点について説明しました。ぜひとも皆様のお店がこれら売れないお店の共通点に陥っていないか確認してみてください。2～8章では、個別の課題を持っているお店のケースを紹介しながら、売上向上に繋がるアドバイスを14名のコンサルタントが行いました。これらのアドバイスは、図7のNo. 1～No. 5の視点を持ちながら行ったものです。

　売上向上に繋げるお店の打ち手は、お店の強みや課題に応じて異なります。しかし、そこには売上向上に繋げる思考のロジックである"コンサルタントの種"があるのです。皆様には、1章と9章を熟読した後に、2～8章の小さなお店のケースを再読することをお勧めします。小さなお店が、独自のウリを明確にして、いかにして売上向上に繋げるか、その考え方が理解できることでしょう。

　売上の向上は、思いつきの打ち手で実現することもありますが、多くの場合、しっかりとしたロジックに基づいたものなのです。お客様のニーズや競合の状況など外部環境の変化に合わせて自社がどのように対応していくか、その考え方を身につけることが有効です。小さなお店にも、大規模店舗にはマネすることができない独自のウリがあるはずです。そのウリが響くお客様を見つけて、訴求してみてください。きっと「〇〇と言えばあのお店ね」とお客様から選んでいただけるお店になること

でしょう。

図7　コンサルタントの視点

NO	視　点	内　容
1	マーケティング戦略 （売上を獲得するための取組み）	ターゲット（見つける、絞り込みなど）
		商品・サービス（品揃え、付加価値の追加など）
		価格（適正価格の設定、価格帯の提示など）
		プロモーション（購買モデルに基づく断裂の解消）
		販路（リアル、ネット、融合など）
2	一貫性	縦（ターゲットと商品・サービス、価格、プロモーション、販路）の整合性
		横（商品・サービス、価格、プロモーション、販路）の整合性
3	経営資源	物的資産の希少性（制約条件）の考慮
		無形資産（接客力、仕入力、パートナーなど）の蓄積と活用
4	第3者の評価	顧客の声、マスコミ、公的機関の評価などの活用
5	独自のウリの明確化	顧客の声アプローチ
		ビジネスモデルアプローチ
		過去の成功事例アプローチ

NO	視　点	内　容
6	売上向上の視点	新規顧客の増加
		既存顧客の来店回数の増加
		商品単価のアップ
		買い上げ店数のアップ

　皆様のお店が繁盛店になることを祈念し、筆をおくことにします。最後までお付き合いいただき、ありがとうございました。

　　（第9章担当：青木　宏人、吉本　誠、橋木　祐治）

著者プロフィール

戦略立案の専門家
吉本　誠
中小企業診断士

　ソフトウェア開発会社に勤務。SEとしてシステム開発に携わり、要求分析、プロジェクトマネージメントを数多く経験。現在は営業・企画職として事業戦略立案など、より経営に近い位置で活動している。分析的アプローチにより複雑な問題をモデル化し、実践的かつ効果的な戦略立案を得意とする。
＜執筆・回答＞
2章（質問2）、3章（質問3）、4章（質問2）、5章（質問3）、7章（質問1）、9章
＜連絡先＞
メールアドレス：yoshimoto_shindanshi@yahoo.co.jp
Facebook：https://www.facebook.com/makoto.yoshimoto.10

"顧客目線"で企業のウリを見出す専門家
橋木　祐治
中小企業診断士

　自社のこだわりや独自のウリは強く持っているものの、固定客も新規客も思いのほか増えず、困っていませんか？そのような場合は、自社のこだわりや独自のウリが先行しすぎて、お客様の視点が置き去りになっている可能性があります。お客様の満足や問題解決を実現する独自のウリをお届けする、そんな相思相愛の関係づくりを支援します。
＜執筆・回答＞
2章（質問3、4）、3章（質問1）、4章（質問4）、6章（質問5）、8章（質問3、5）、9章
＜連絡先＞
Facebook：https://www.facebook.com/yuji.hashiki

日常業務改善から売上改善につなげる専門家
高橋　佐和子
株式会社kite d'or代表取締役
中小企業診断士

　お店を開けて、商品を整え、お客様をお迎えする——毎日繰り返している日常業務の中に売上アップのヒントはいっぱいあります！仕入から価格設定・MDなどの商品戦略、接遇や顧客満足を高める接客など、自身でもアパレル小売店経営を行いながらの現場感覚を持った視点で、売上向上のお手伝いをいたします！
＜執筆・回答＞
3章（質問1、2）、4章（質問1）、5章（質問2、4）、7章（質問3、4、5）、8章

伝わる・売れる販売促進の仕組みづくり専門家
佐々木　千博
中小企業診断士／一級販売士／DTPエキスパート

　販売促進とは、お客様に商品の素晴らしさを伝え、欲しいと思ってもらい、買ってもらう活動です。私は販売促進を効果的に行うために、「誰に」、「何を」、「どう伝えるか」を顧客企業とともに考え、整理するプロです。13年以上の経験の中で、ある企業では受注活動のツールを作り、営業ルートを変えることで、受注件数を1ヵ月で2倍以上にした実績もあります。ホームページ・チラシ・POPとあらゆるツールを有機的にうまく組み合わせ、集客・売上効率を上げるのが得意です。
＜執筆・回答＞
1章、2章（質問1）、4章（質問3）、5章（質問3）、6章（質問2、3、4）、8章（質問2、3、4）
＜連絡先＞
Facebook：https://www.facebook.com/sasakich

福祉の視点でシルバービジネスを支援する専門家
砂　亮介
株式会社１２３　専務取締役
中小企業診断士／社会保険労務士／
行政書士／社会福祉士

　日本の個人金融資産のうち、約60％を60歳以上の方々が保有しています。また、世帯主が60歳以上の高齢者世帯の消費支出額は、全世帯消費額の約44％を占めます。このようなシルバー市場は、高齢化が急速に進展する中で今後確実に成長し、消費市場に及ぼす影響が一層大きくなります。私は、ソーシャルワーカーとして、また介護事業所の経営者としても、日々高齢者に接しており、そのニーズに精通しています。これからの高齢者需要を先取りした支援を行います。
＜執筆・回答＞
２章、３章（質問４）、４章（質問４）、６章（質問１、３、４）、７章（質問３、４）、８章（質問１）
＜連絡先＞
Facebook：https://www.facebook.com/ryosuke.suna.3
サイトURL：http://www.123kaigo.jp

価値の抽出と値付けの専門家
山﨑　研
中小企業診断士（プライシング専門）

　2010年度中小企業診断士登録。現場重視、消費者目線でのお店のウリの抽出をし、プライシング等の即効性・実効性のある施策提案を得意とします。
＜執筆・回答＞
４章（質問２）

黒字化支援の専門家
戎　欽也
えびす総合会計事務所　代表
中小企業診断士／税理士／事業再生士補(ATP)

　黒字化するための経営計画書の作成支援を得意とします。約200社の黒字化支援を実施し、約70％の黒字化を達成しています。経済産業局の認定支援機関。
＜執筆・回答＞
3章、7章（質問1）、8章（質問5）
＜連絡先＞
メールアドレス：ebisu@tax-ebisu.com
サイトURL：www.tax-ebisu.com
ブログURL：ameblo.jp/ebikin1/
Facebook：https://www.facebook.com/kinya.ebisu

お客様視点でのお店づくり専門家
神戸　壯太
神戸壯太中小企業診断士事務所
中小企業診断士／一級販売士

　お店は誰のためにあるのでしょうか？もちろん、お客様が必要な商品・サービスを提供するためにあるものです。しかしながら、つい「お店側の視点」で店舗を運営してしまっていることはありませんか？「なぜお店にお客様がいらっしゃるのか？」と、「お店の強みを多くのお客様に知っていただく」という双方からのアプローチを基軸に、顧客視点で、あなたのお店を「お客様にとって一番のお気に入り」にするためのお手伝いをいたします。
＜執筆・回答＞
2章（質問2）、3章（質問3）、4章、5章（質問2、3、5）、6章（質問2）、7章（質問1、2、5）、8章（質問1、5）
＜連絡先＞
Facebook：https://www.facebook.com/canbe.kam

戦略から顧客管理、チラシづくりまで
経営とITのことはすべておまかせ
西谷　雅之
中小企業診断士／ITストラテジスト

　仕入やお客様の管理、チラシやPOPづくり等々、小さなお店の経営者は何から何まで一人でやらないといけません。もしも誰かに相談したいことがあっても、分野ごとに別々の専門家に聞いて回るのは大変です。そんな経営者のために、小さなお店の経営すべてのことに、ITを駆使してお手伝いします。
＜執筆・回答＞
5章（質問1）、6章
＜連絡先＞
メールアドレス：nishitani@fut-light.com
サイトURL：http://fut-light.com

戦略立案の専門家
青木　宏人
マーケティング・アシスト・プロジェクト　代表
中小企業診断士

　売上向上の近道は、お客様に選ばれている理由、つまり、会社独自のウリを見つけることです。そのウリをどのようにお客様に伝えていくか。そのロジックが戦略です。私は今まで約100社の戦略立案支援に携わってきました。その経験を活かし、本書を執筆したメンバーから構成されるマーケティング・アシスト・プロジェクトでは、戦略立案を担当しています。「お客様なんて絞れないよ」と悩んだ時は私に相談してください。あなたのモヤモヤした思いを解決します！
＜執筆・回答＞
5章（質問1）、8章（質問2）、9章
＜連絡先＞
メールアドレス：h-aoki@map-consulting.jp
サイトURL：http://map-consulting.jp/

**新規顧客獲得～固定客を育てる
「プロモーションストーリー」づくりの専門家**
中村　佳織
reface
中小企業診断士

　客数が少ないから新規のお客様をどんどん獲得せねば、と思っている店主の皆様。その前に、一度でも来てくれたお客様をしっかりとリピート客、固定客にできていますか？小さなお店にとって大事なことは、たくさんのお客様を集める以上に、一人ひとりのお客様を大事に育てること。それこそが、効率よく繁盛店になるための近道です。2,000件以上のプロモーション企画を形にしてきた実績から、プロモーションづくりのアドバイスをいたします。
＜執筆・回答＞
2章（質問1、3）、3章（質問4）、4章（質問2）、5章（質問1、2、4、5）、7章（質問4、5）、8章（質問3）

伝わる・売れる販売促進の仕組みづくり専門家
冨松　誠
民安経営事務所　代表
中小企業診断士／中小企業事業再生マネージャー（TAM）

　お店を良くするために何が必要か？あえて一つだけ挙げるなら、お店のことを良く知らない人に見てもらうことです。お店の人のお話を聞くと、「お店側の伝えたいことが売場から伝わらない」、「お店側の当たり前だと思うことが、お客様からすると"すごい！"」ということがよくあります。自分のことはなかなかわからないものです。知人にでも友人にでも率直な感想を聞いてみれば、お店の気づかなかった側面が見えてきます。
＜執筆・回答＞
2章（質問1）、3章（質問1、3）、4章（質問3）、5章、6章（質問1、2、5）、7章（質問2、3）
＜連絡先＞
メールアドレス：m.tomimatsu@m-reinforce.com

行動をデザインする専門家
平林　潤
株式会社ビヘイビア　代表取締役
中小企業診断士

　ヒトは自分で考え、行動している。多くの人がそう思い込んでいます。しかし、人間の行動の95％は、無意識によるもの。この無意識の行動は、観察を通して意味のあるデータに置き換えることができます。顧客の無意識の行動を知り、その行動をデザインすることで、本当のマーケット・インが実現できます。
＜執筆・回答＞
3章（質問2）、5章（質問5）
＜連絡先＞
メールアドレス：hirabayashi@behavior.co.jp
Facebook：https://www.facebook.com/jun.hirabayashi
サイトURL：http://behavior.co.jp/

コミュニケーションの専門家
柳瀬　智雄
株式会社ビズパワーズ　代表取締役
中小企業診断士

　商売に最も大切なのは、お客様とのコミュニケーションだと考えています。聴衆をわしづかみにするプレゼンテーションが評判ですが、1999年からビジネスとしてWEBに関わってきた経験と実績に根差したアドバイスは実践的で、各地のセミナーでは多くの参加者に高い満足をいただいています。また、おもしろくわかりやすい語り口で、元気が出ると評判です。個店力強化による商店街活性化手法である"ゲリラオークション"や"まちセリ"の啓発活動にも取り組んでいます。
＜執筆・回答＞
2章（質問4）、3章（質問2）、4章（質問1、4）、5章（質問4）、6章（質問1、3、4、5）、7章、7章（質問2）、8章（質問1、2、4）

＜連絡先＞
メールアドレス：yanase@bizpowers.co.jp
Facebook：https://www.facebook.com/toshio.yanase
サイトURL：http://www.bizpowers.jp/

2013年10月20日	初版　第1刷発行
2014年2月10日	第2刷発行

お店の「ウリ」を「売上」にする方法
14人のコンサルタントがあなたの悩みに答えます

　　　　　　　　　　　　　　　Ⓒ編著者　　M A P
　　　　　　　　　　　　　　　　　　　（MARKETING ASSIST PROJECT）

　　　　　　　　　　　　　　　　発行者　　脇　坂　康　弘

発売所　　株式会社　同友館
〒113-0033　東京都文京区本郷3-38-1
本郷イシワタビル3F
TEL.03(3813)3966
FAX.03(3818)2774
http://www.doyukan.co.jp/

乱丁・落丁はお取り替えいたします。
ISBN 978-4-496-04982-8

装　丁　菊池 祐（ライラック）
イラスト　津端 わづか
一誠堂株式会社／松村製本所
Printed in Japan

本書の内容を無断で複写・複製（コピー）、引用することは、特定の場合を除き、編著者・出版社の権利侵害となります。